pélican poche

Les parcs américains de l'ouest

Pour Anne-Christine et Hubert
Ma sœur et mon frère adorés,
Ces espaces ivres de beauté.

Sandrine

ISBN : 9782719109267
Dépôt légal : Août 2012
Siège social : EDIGROUP - 116, rue de la Tour - 75016 Paris. Tél. : 01 44 77 08 05 - Fax. : 01 45 75 75 53

Maquette : Jean-Michel Renault - Mise en page : Anny Puget - Cartographie : Marie d'Herbès
PAO - gravure : Photogravure du Pays d'Oc - Montpellier/Nîmes

Achevé d'imprimer en juillet 2012 sur les presses de l'imprimerie Horizon, Gémenos, France
N° d'impression : 1206-197

pélican poche

Les parcs américains de l'Ouest

Textes : Sandrine Gayet
Photos : Pascale Béroujon

les créations du Pélican

Sommaire

Introduction

Les parcs de l'ouest américain 12

Que sont les parcs nationaux ? 16

Suggestions de circuits 22

Wyoming 23

• Yellowstone National Park 24

• Grand Teton National Park 52

Utah 60

• Capitol Reef National Park 62

• Arches National Park 72

• Autour de Moab 84

• Canyonlands National Park 92

• Bryce Canyon National Park 114

• Zion National Park 128

• Glen Canyon National Park
(Lake Powell et Antelope Canyon) 144

Arizona 164

• Grand Canyon National Park 166

• Monument Valley Navajo Tribal park 194

• Canyon de Chelly National Monument 210

Colorado 224

• Mesa Verde National Park 226

Californie 236

• Joshua Tree National Park 238

• Death Valley National Park 250

• Sequoia et Kings Canyon National Parks 264

• Yosemite National Park 280

• Point Reyes National Seashore 292

Hawaii 306

• Volcanoes National Park (Big Island)
Haleakala (Maui) 308

Bibliographie et Remerciements 335

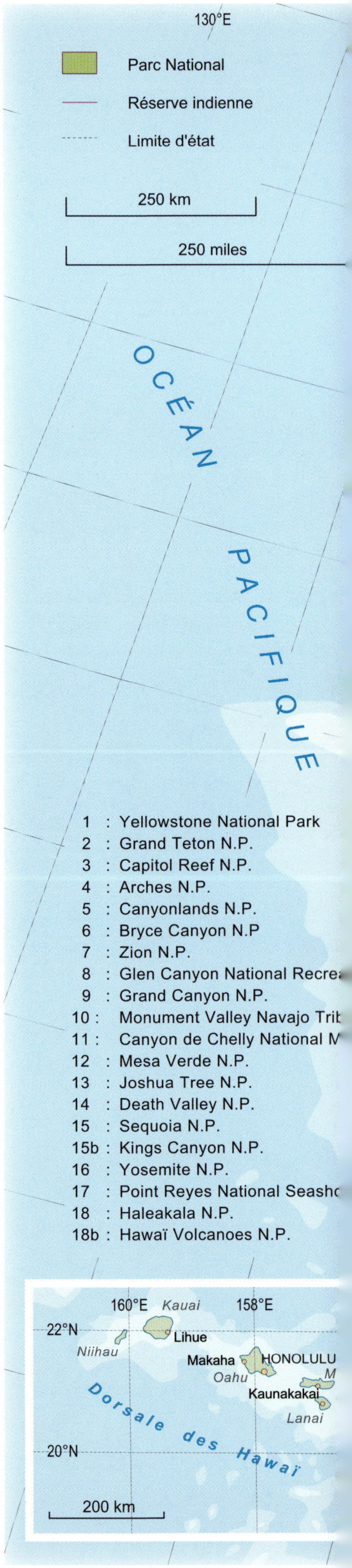

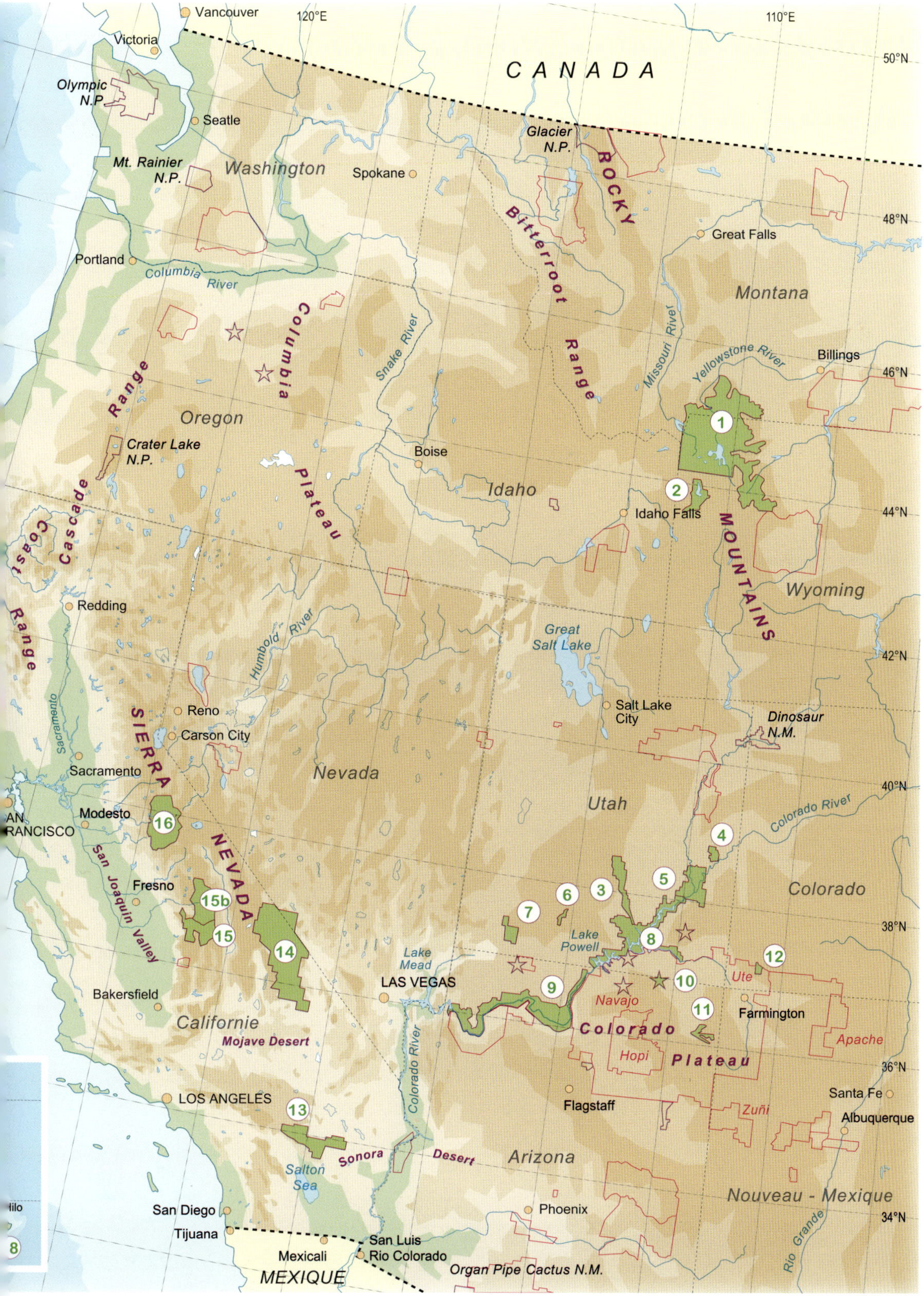

Vancouver
120°E
110°E
CANADA
50°N
Victoria
Olympic N.P.
Seatle
Glacier N.P.
ROCKY
Mt. Rainier N.P.
Washington
Spokane
Bitterroot Range
48°N
Great Falls
Portland
Columbia River
Columbia Plateau
Montana
Snake River
Missouri River
Yellowstone River
Billings
46°N
Range
Oregon
Crater Lake N.P.
Boise
Idaho
Idaho Falls
44°N
Cascade
Coast Range
MOUNTAINS
Wyoming
Redding
Humbold River
Great Salt Lake
42°N
Salt Lake City
Dinosaur N.M.
Reno
Carson City
Sacramento
SIERRA NEVADA
Nevada
40°N
Utah
Colorado River
Modesto
AN RANCISCO
San Joaquin Valley
Fresno
Colorado
Lake Powell
38°N
Lake Mead
LAS VEGAS
Ute
Navajo
Bakersfield
Farmington
Californie
Colorado Plateau
Mojave Desert
Hopi
Apache
Colorado River
36°N
LOS ANGELES
Flagstaff
Santa Fe
Zuñi
Albuquerque
Sonora Desert
Arizona
Salton Sea
Nouveau - Mexique
San Diego
Phoenix
34°N
Tijuana
Rio Grande
Mexicali
San Luis Rio Colorado
MEXIQUE
Organ Pipe Cactus N.M.
Hilo
1
2
3
4
5
6
7
8
9
10
11
12
13
14
15
15b
16

Les parcs de l'ouest américain

« Ce fut admirable de découvrir l'Amérique mais il l'eût été plus encore de passer à côté » (Mark Twain)

L'Amérique n'a peut-être pas d'histoire
mais elle a une géographie dont les parcs nationaux
constituent un somptueux patrimoine.
Et au travers d'eux se dessinent plusieurs Amériques :
celle des montagnes scarifiées et des déserts de sable
ou de rocaille, celle des forêts denses et des lacs glaciaires,
celle de la pierre et du feu...

Doubles pages précédentes :

Clin d'œil turquoise d'un mascaron orangé qui veille sur les merveilles naturelles d'Arches National Park (Utah).

Flèches, buttes et mesas flanquent la route US 163 (Utah) à l'approche de Monument Valley, figure emblématique du Far West.

Alors que l'aube allume une à une les couleurs fauves et vives des grands espaces de l'ouest, surgit un merveilleux grimoire où les pleins et déliés brossent une nature qui se déchiffre au fil des enluminures du temps...

Les repères s'estompent. Le regard ricoche sur un paysage couleur sanguine, émaillé de mesas et pitons aux formes baroques, puis plonge dans des canyons infinis aux pierres mutilées par l'érosion avant de se fondre dans un horizon bleuté, si lointain que les yeux en perdent la raison. Le silence assourdit. L'air vibre ; le sol frémit de la course lointaine d'une harde de cerfs ou d'un troupeau de bisons.

Tous les parcs sont une invitation au rêve, aux émotions pures, une oraison à Mère Nature qui y déploie ses extravagances géologiques. Les pierres parlent. Leurs couleurs en disent plus long sur les couches sédimentaires qu'un ouvrage de géologie. Leurs formes traduisent mieux que les mots l'inexorable travail du temps et la violence des éléments, eau, air et feu confondus.

Ces sites sont préservés aujourd'hui grâce à l'organisation des Parcs Nationaux (NPS). Et grâce à des hommes tels que

John Powell, explorateur, John Muir, botaniste et à l'écrivain Georges Marsh. Dès 1864, ces hommes alertèrent l'opinion publique sur la nécessité de protéger la nature, la faune et la flore. Des écologistes avant l'heure, qui bataillèrent ferme auprès des instances politiques pour la sauvegarde de ces espaces. Pour le plus grand bonheur des voyageurs d'aujourd'hui et de demain. Et des contemplatifs.

Impitoyable Death Valley (Californie) que traversèrent de hardis pionniers. Ici, Badwater, résidu d'un lac qui couvrait jadis la vallée, constitue le point le plus bas des États-Unis à 86 mètres au-dessous du niveau de la mer.

Le chapelet de ces huitièmes merveilles du monde s'égrène au fil de l'exploration de ce grand ouest ultra-minéral : Arches, Bryce Canyon, Monument Valley, Canyon de Chelly, Grand Teton, Zion, Glen, Joshua Tree, Canyonlands, Capitol Reef, Mesa Verde, Yosemite, Death Valley, Yellowstone, Sequoia, les volcans d'Hawaii, Grand Canyon... des sites sublimes, émouvants. Doux ou brutaux. Broyés de chaleur ou figés dans les glaces. Archi-bondés ou secrets. Mais tous, sauvages et authentiques... Où l'on apprend à écouter le silence absolu. À admirer l'Art du Temps dans ce gigantesque musée à ciel ouvert...

À Gallup (Nouveau-Mexique) se déroule en août le grand rassemblement des délégations indiennes. Les tribus d'Amérique et du Mexique y organisent des pow wow *: cérémonies chatoyantes de danses et de mélopées, telles la danse du Feu et la danse de la Squaw, supervisées par leurs chamanes.*

TERRITOIRES SACRÉS DES PEUPLES INDIENS

Ce grand ouest américain est un palimpseste de cultures nomades que les colons décrivaient comme païennes aux mœurs étranges et primitives. Or ils ignoraient tout de la diversité des tribus, et de leurs cultures d'une grande richesse. Certes, les civilisations indiennes ne connaissaient pas la roue, n'avaient jamais vu de chevaux avant le XVIIe siècle et ne travaillaient pas le fer. Mais elles s'inspiraient de leur environnement pour tisser fibres et laines, modeler et pétrir la terre, tramer des bijoux et parures… et elles vivaient en pleine communion avec une nature tantôt généreuse, tantôt hostile. Depuis les années 60, avec le Red Power et l'American Indian Movement, elles ont redécouvert leurs traditions, leurs croyances, leurs langues…

L'Amérique compte aujourd'hui environ deux millions d'Indiens, ou de Native Americans comme ils préfèrent être appelés, formant trois cents tribus réparties dans quelque quatre cents réserves. Dans l'Ouest, les plus importantes sont celles des Navajos (environ 300 000 membres), les Pueblos-Anasazis (50 000 membres au Nouveau-Mexique et en Arizona) et les Apaches (25 000 au Nouveau-Mexique et en Arizona).

NAVAJOS ET HOPIS

Une incursion dans les parcs d'Arizona et du Nouveau-Mexique entraîne inévitablement le voyageur dans la réserve des Navajos, et parfois dans celle des Hopis. La première est la plus vaste du pays, d'une superficie équivalente à la Suisse. Une goutte d'eau en regard de ce qu'ils ont perdu mais néanmoins de belle taille comparée à celle d'autres tribus plus lésées dans la redistribution des terres.

Leur territoire, Navajoland, est du reste surnommé le « 51e État des États-Unis ». Cet écrin englobe Monument Valley et le canyon de Chelly, deux sites qui font aussi la richesse de ce peuple très envié par les autres tribus.

Notamment par les indiens Hopis, les laissés-pour-compte du grand partage territorial, comme on le constate en se rendant dans leur réserve, et chez qui les Navajos, guerriers redoutables, firent de terribles razzias grâce à leurs chevaux importés par les Espagnols. Entièrement encerclée par les terres navajos, la réserve ne compte que 10 000 âmes. Isolés sur trois mesas, leurs villages perchés aux maisons de pierres sont criblés par la fournaise estivale, ankylosés par la froidure extrême des hivers et flagellés de vents violents la plupart du temps. Malgré la beauté des paysages, la réserve hopi n'attire que très peu de touristes qui filent droit sur Monument Valley. Leur mode de vie s'en trouve donc moins dénaturé et semble de fait plus authentique. Excellents agriculteurs, ils maîtrisent une technique particulière pour cultiver leurs terres arides. On accède aux plateaux hopis par la Hwy 264 et l'on peut visiter leurs pueblos avec un guide indien. Il est strictement interdit de faire des photos sur leur territoire et d'assister aux cérémonies religieuses dont les poupées katchinas, symboles des esprits surnaturels sont au cœur de rituels ancestraux. Quelques échoppes indiennes en vendent de jolies représentations.

Le Lake Powell (Utah) recouvre d'anciens territoires navajos. La tribu garde cependant le contrôle de l'accès au Rainbow Bridge, splendide arche naturelle sacrée pour leur communauté.

Que sont les parcs nationaux ?

« Il est souhaitable que de vastes espaces américains, facilement accessibles, restent aussi longtemps que possible en leur état primitif »
(George Perkins Marsh en 1864)

Une idée géniale et généreuse mais si fragile
qu'il faut sans cesse redoubler de vigilance pour assurer la survie
de ces espaces grandioses et vierges
et éviter qu'ils ne soient détournés à des fins spéculatives.

Les parcs offrent à tout visiteur un formidable environnement pour pratiquer toutes sortes d'activités sportives et récréatives, de la pêche au lancer à l'équitation en passant par le cyclotourisme, le kayak ou l'escalade.

QUE SONT LES PARCS NATIONAUX ?

Aux États-Unis, près de cinquante millions d'hectares sont ainsi protégés par des décrets du Congrès sous forme de parcs nationaux (national parks), monuments nationaux (national monuments) et parcs d'Etat (state parks). Dès 1864, l'Amérique a lancé une nouvelle philosophie, celle de l'écotourisme. Sur les conseils de John Muir, explorateur et de George Perkins Marsh, écrivain-voyageur, Abraham Lincoln faisait protéger Yosemite par décret, puis en 1872 était créé à Yellowstone le premier parc national du monde. Le gouvernement s'est ainsi engagé à préser-

ver les beautés naturelles du pays qui compte aujourd'hui près de 400 sites classés dont une cinquantaine de parcs nationaux, la majorité d'entre eux se situant à l'ouest des Rocheuses.

Les férus de géologie et des sciences de la Terre se régaleront des merveilles que recèle l'ouest américain, aussi sauvage qu'insolite, brutal et hospitalier, torride et glacial. Un univers aussi puissant que fragile.

LES RANGERS, GARDIENS DU PATRIMOINE NATUREL

Ces parcs font partie du National Park Service (NPS), un département du ministère de l'Intérieur qui emploie près de vingt mille rangers, ces fameux gardes forestiers aux allures de scouts qui font rêver les enfants d'outre-Atlantique.

Ces hommes et femmes de formations diverses (biologistes, botanistes, historiens, naturalistes, archéologues, paysagistes, ingénieurs en bâtiments...) sont les gardiens de ce merveilleux patrimoine naturel.

Leurs tâches vont de l'accueil des 280 millions de visiteurs annuels aux soins donnés aux animaux sauvages blessés, aux réparations des motoneiges, bateaux, chalets et refuges, sans oublier le sauvetage de personnes égarées ou accidentées. Un métier passionnant et prenant mais loin d'être une sinécure.

De bonnes chaussures et une paire de jumelles sont les attributs essentiels pour se confondre avec la nature. Les animaux s'approchent souvent sans crainte du voyageur ou l'ignorent superbement mais jamais ne se sentent menacés. Magie des espaces protégés.

ACCÈS AUX PARCS

Un droit d'admission est appliqué à l'entrée de chaque parc national, en moyenne 10$ par voiture quel que soit le nombre de passagers (Yosemite, plus couru, coûte 20$). Le mieux, si vous projetez de visiter plusieurs parcs, est d'acheter le Golden Eagle Pass à l'entrée du premier parc de votre itinéraire. Pour 50$ par voiture, il vous donnera droit à toutes les entrées, la possibilité d'aller autant de fois dans un parc que vous le désirez en plus de vous accorder 50% de réduction sur les campings des parcs. Valable un an, vous pouvez donner ce pass à des amis qui feraient le voyage après vous dans la même année.

En organisant votre séjour dans les parcs, tenez compte des distances. Le pays est vaste et les climats d'un Etat à l'autre varient. Par exemple, il y a 765 km entre le parc de Redwood et celui de Sequoia, pourtant tous les deux en Californie ; le parc de Yellowstone, grand comme la Corse, ne pourra pas se visiter en seulement un ou deux jours.

HÉBERGEMENTS DANS LES PARCS

Ceux qui souhaitent vivre les parcs de l'intérieur, trouveront toutes sortes d'hébergements : cabanes rustiques, hôtels confortables (lodges) et campings pour tentes et camping-cars avec aires de pique-niques. Il est absolument indispensable de faire les réservations à l'avance pour les hôtels toujours pleins en haute et moyenne saisons (auprès de votre agence de voyage ou directement auprès du centre de réservation du parc). Quant aux campings, ils fonctionnent pour la plupart sur le mode de « premier arrivé premier servi ».
Renseignements auprès des parcs nationaux : www.nps.gov

LES PARCS PAR NATURE

(Les ** indiquent les monuments nationaux ou parc tribal).

DÉSERTS

Arches (Utah) : plus grande concentration d'arches en grès
Bryce Canyon (Utah) : pitons de couleurs vives
Canyon de Chelly** (Arizona) : habitats troglodytes
Canyonlands (Utah) : canyons, mesas, habitats, pictogrammes anciens
Capitol Reef (Utah) : dômes, falaises colorées et très érodées
Death Valley (Californie) : désert scarifié, dunes, canyons, couleurs

Dinosaur** (Utah-Colorado) : mine de fossiles préhistoriques, restes de dinosaures, canyons
Grand Canyon (Arizona) : 8ème merveille du monde !
Joshua Tree (Californie) : désert de cactus et de yuccas géants
Lake Powell** (Arizona-Utah) : labyrinthe liquide en plein désert
Mesa Verde (Colorado) : superbes habitats indiens très anciens
Monument Valley** (Arizona-Utah) : symbole du Far West
Zion (Utah) : montagnes rouges et oranges, canyon effilé, oasis

HAUTES MONTAGNES

Grand Teton (Wyoming) : hautes montagnes, lacs glaciaires, grands élans
Kings Canyon (Californie) : montagnes de la sierra Nevada aux bouquets de séquoias géants
North Cascades (Washington) : paysage alpin, 300 glaciers, lacs
Rocky Mountains (Colorado) : hautes montagnes glaciaires, vallées en U, lacs, forêts
Yellowstone (Idaho-Montana-Wyoming) : le plus vieux parc du monde, aussi la 8ème merveille du monde !
Yosemite (Californie) : fantastique vallée glaciaire de la sierra Nevada

FORÊTS

Olympic (Washington) : forêt tropicale
Redwood (Californie) : forêts de redwoods
Sequoia (Californie) : magnifique forêt de séquoias géants

VOLCANS

Crater Lake (Oregon) : lac volcanique, le plus profond des USA
Haleakala (Hawaii) : volcan éteint sur le Pacifique
Volcanoes (Hawaii) : volcans actifs (Kilauea et Mauna Loa)
Lassen Volcanic (Californie) : paysages volcaniques
Mount Rainier (Washington) : volcan couvert de glaciers

GLACIERS

Glacier (Montana) : glaciers, paysages alpins, conifères géants

LITTORAL

Channel Islands (Californie) : îles au large de Los Angeles
Point Reyes (Californie) : péninsule de longues plages, hautes falaises, forêts, lagons

GROTTES

Carlsbad Caverns (Nouveau Mexique) : gigantesques grottes
Great Basin (Nevada) : montagnes et vallées désertiques, grottes superbes.

Double page suivante :

Bryce Canyon National Park (Utah) est une perle de l'Utah, un des plus beaux parcs du grand ouest.

Suggestions de circuits

Vous commencerez très certainement votre voyage dans l'Ouest américain en Californie. Pour vous diriger vers les parcs, votre route passera par Las Vegas.

- **De Los Angeles à Las Vegas :** 400 km, environ 4 heures de route.
- **De San Francisco à Las Vegas :** 800 km, environ 10 heures de route.

Nous présentons les circuits au départ de Las Vegas.

• **1 semaine :** Las Vegas - Grand Canyon National Park - Monument Valley Navajo Tribal Park - Glenn Canyon, Lake Powell vers la ville de Page - Bryce Canyon NP - Zion NP - Las Vegas

• **2 semaines :** Las Vegas - Grand Canyon NP - Canyon de Chelly - Monument Valley Navajo Tribal Park - Four Corners - Mesa Verde NP - Canyonlands NP - Arches NP - Capitol Reef NP - Bryce Canyon NP - Zion NP - Las Vegas

• **3 semaines :** Las Vegas - Grand Canyon NP - Monument Valley Navajo Tribal Park - Glenn Canyon, Lake Powell - Bryce Canyon NP - Capitol Reef NP - Canyonlands NP - Arches NP - ville de Salt Lake City - Yellowstone NP - Salt Lake City - Zion NP - Las Vegas

Ce dernier parcours représente beaucoup de kilomètres mais les paysages du grand ouest y sont magnifiques et la visite de Yellowstone, situé très au nord, est exceptionnelle.

Vous visiterez de nombreux parcs et aurez une très belle vision d'ensemble avec ces circuits, ce qui peut suffire lors d'un premier voyage. Cependant certains sites s'admirent et se vivent plus de « l'intérieur ». À vous d'envisager de réduire les kilomètres pour passer plus de temps dans certains parcs afin de les explorer à pied, à cheval, en bateau, à VTT... notamment ceux de Canyonlands, Arches, Lake Powell, Zion, Yellowstone et pourquoi pas vous offrir un souvenir impérissable : la descente au fond du Grand Canyon !

Parcs de l'État du WYOMING

À gauche :

Au nord des Rocheuses s'est forgé le mythe du Far West. Le Wyoming abrite toujours des cow-boys bottés et coiffés de stetsons, des horizons inaccessibles et Yellowstone, un des plus beaux parcs de notre planète dont on lève les secrets au gré des sentiers.

Surnoms : Cow-Boy State et Equality State (État de l'égalité)
Superficie : 253 000 km^2 ; 9e État par sa superficie
Population : env 454 000 hab
Capitale : Cheyenne (env 50 000 hab)
Entrée dans l'Union : 10 juillet 1890 (44e État)
Parcs nationaux : Yellowstone NP, Grand Teton NP, Glacier NP

Yellowstone National Park (Wyoming)

« Qu'est-ce que la vie ? C'est le souffle d'un bison en hiver. C'est la petite ombre qui court dans l'herbe et se perd au coucher du soleil. »
(Crowfoot, chef Blackfeet)

Jadis surnommé « la région où l'enfer déborde », Yellowstone provoque d'ineffables émotions et justifierait à lui seul une découverte de ce grand ouest. Très diversifié, le parc abrite des geysers actifs, des mini volcans de boue, des lacs, des forêts, un profond canyon de pierres jaunes (d'où son nom) et une faune des plus variées (bisons, cerfs, élans, ours, loups, antilopes…).

Superficie : 8 992 km²
Situation : au nord-ouest du Wyoming à cheval sur l'Idaho et le Montana
Altitude : de 1 620 à 2 462 m
Parc national depuis 1872
Saison : la plupart des routes, trop enneigées, sont fermées du 31 octobre au 1er mai ; pour bien voir les troupeaux d'animaux, l'automne est idéal.

Situé à 2 400 m d'altitude, le plus vieux parc national du monde (1872) occupe une superficie de 8 992 km², plus grande que la Corse !

UN PARC INOUÏ

Alchimie de la terre, du feu, de l'eau et de l'air.

Yellowstone est une ode. À la vie. Intense, palpable, observable. Un véritable Big Bang s'y déroule sous nos yeux.

Le spectacle quotidien est grandiose et détonant. Les paysages, au cœur des Rocheuses, sauvages et fascinants.

L'eau, grand architecte et instrument de ses métamorphoses, agit en toute saison sur une nature en convulsion.

Elle fuse en colonnes chaudes, s'effiloche en lambeaux de brume, se cristallise en flocons, sourd dans les rivières translucides, cloque à gros bouillon dans des vasques empierrées…

Ce plateau cerné de hautes montagnes chevauche trois États : le Wyoming, l'Idaho et le Montana. Y vivait jadis la tribu des Sheepeaters, ou Mangeurs de moutons - ainsi appelés car ils se nourrissaient de viande de mouflon.

Le Temps prend le relais pour parachever cette œuvre fantastique de quelque grand sorcier. Sous sa baguette s'élèvent colonnes, tumulus de minéraux, bassins festonnés et orgues basaltiques... Les Terrasses de Minerve, d'Opale, de Nouvelle-Écosse... des créations fantasques d'eau et de travertins qui ne cessent de changer. Des empilements de cheminées, d'arbres pétrifiés et de corniches fissurées flanquent des bassins de glace opaline.

UNE NATURE SAUVAGE

On déambule parmi des sources aux nuances prismatiques. Si le fond des rigoles est blanc, les couleurs se multiplient en s'en éloignant. Du jaune clair à l'orange, du bleu céladon au vert sapin, le travail des bactéries et des algues se décline à l'infini.

Un grondement puis un chuintement... un halo vaporeux puis une bulle qui éclate. Soudain, un geyser bondit comme une flèche vers le ciel et y explose en gouttelettes scintillantes brièvement suspendues.

Yellowstone National Park
10 km
10 miles
Limite approximative de la caldeira
Limite d'état
Continental Divide
GALLATIN NATIONAL FOREST
ABSAROKA RANGE
SHOSHONE NATIONAL FOREST
CARIBOU - TARGHEE NATIONAL FOREST
BRIDGER - TETON NATIONAL FOREST
GRAND TETON NATIONAL PARK
JOHN D. ROCKEFELLER JR. MEMORIAL PARKWAY
MONTANA
WYOMING
IDAHO
Livingston
Jardine
Gardiner
Cooke City
Silver Gate
Red Lodge
Cody
Ashton
West Yellowstone
North Entrance
Northeast Entrance
East Entrance
South Entrance
West Entrance
MAMMOTH HOT SPRINGS
Park Headquarters
Mammoth Hot Springs Terraces
Swan Lake
Undine Falls
Wraith Falls
Sheepeater Cliff
Indian Creek
GALLATIN RANGE
BLACKTAIL DEER PLATEAU
Petrified Tree
TOWER - ROOSEVELT
Roosevelt Lodge
Tower Fall
Slough Creek
Pebble Creek
Yellowstone Association Institute
Lamar River
SPECIMEN RIDGE
MIRROR PLATEAU
Grizzly Lake
Roaring Mountain
Museum
NORRIS GEYSER BASIN
MONUMENT GEYSER BASIN
NORRIS
Beryl Spring
Virginia Cascade
Wolf Lake
Grebe Lake
CANYON VILLAGE
GRAND CANYON OF THE YELLOWSTONE
Artist Point
Lower Falls
Upper Falls
Wapiti Lake
MADISON
Information Station
Gibbon Falls
Firehole Falls
Firehole Canyon Drive
LOWER GEYSER BASIN
Fountain Flat Drive
Fountain Paint Pot
MIDWAY GEYSER BASIN
Great Fountain Geyser
Firehole Lake Drive
Fairy Falls
Biscuit Basin
UPPER GEYSER BASIN
Mystic Falls
OLD FAITHFUL
Kepler Cascades
Black Sand Basin
Summit Lake
Lone Star Geyser
CENTRAL PLATEAU
MADISON PLATEAU
HAYDEN VALLEY
Sulfur Caldron
Mud Volcano
Mary Lake
Beach Lake
White Lake
GRANT VILLAGE
LAKE VILLAGE
BRIDGE BAY
Turbid Lake
Pelican Cr.
Sylvan Lake
YELLOWSTONE LAKE
WEST THUMB
Geyser Basin
GRANT VILLAGE
Delusion Lake
Frank Island
Flat Mountain Arm
South Arm
Southeast Arm
Riddle Lake
Shoshone Lake
Lewis Lake
RED MOUNTAINS
Hearth Lake
TWO OCEAN PLATEAU
Trail Lake
Yellowstone River
Buffalo Lake
CASCADE CORNER
Dunanda Falls
Ouzel Falls
Colonnade Falls
PITCHSTONE PLATEAU
Union Falls
Beula Lake
Snake River
Lewis River
Bechler
Thorofare
THE TRIDENT
Bridger Lake
Flagg Ranch
Falls River
Grassy Lake Road
Quake Lake
89
191
287
20
212
14
16

Route goudronnée
Route non revêtue
Sentier de randonnée
Sentier de VTT
Poste de Rangers
Aire de camping
Aire de pique-nique
Restauration
Hébergement
Étape équestre
Circuit commenté
Base nautique

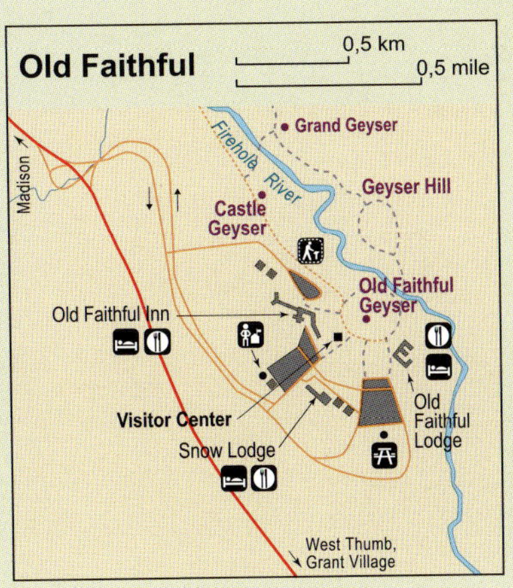

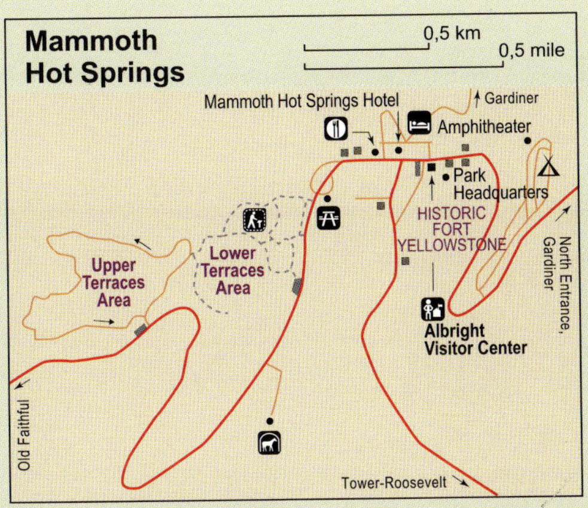

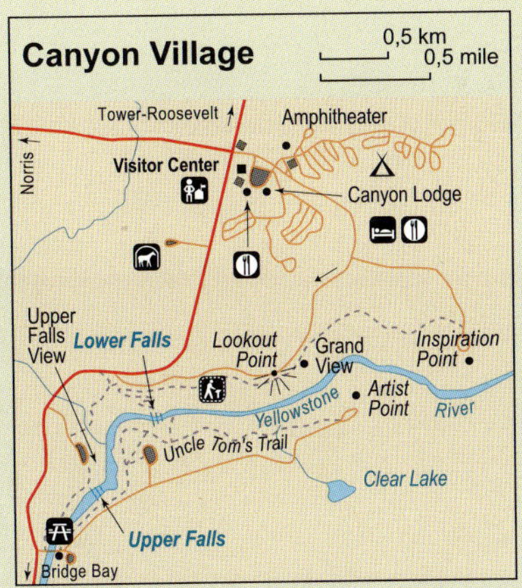

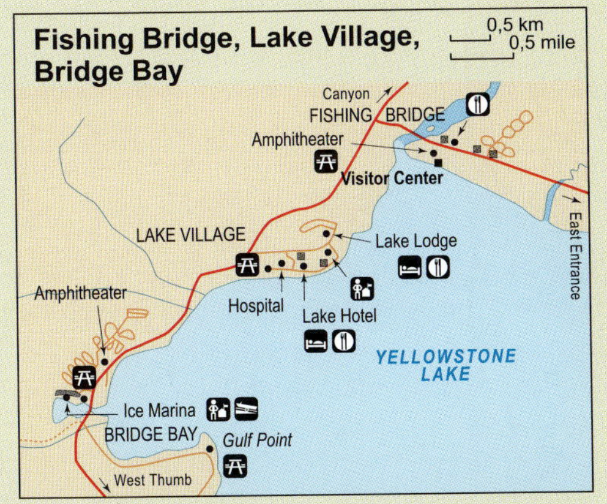

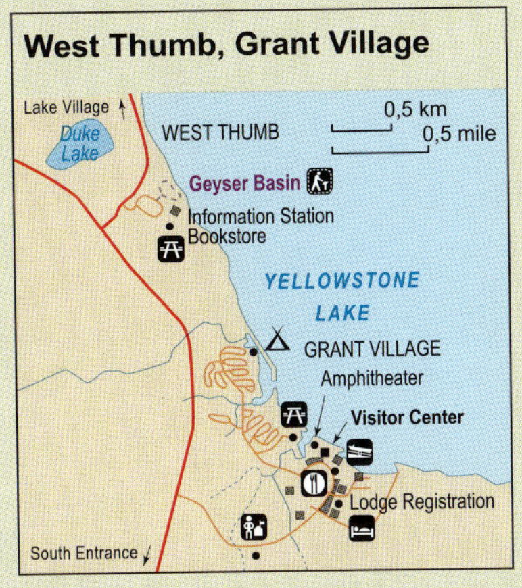

Les observateurs éberlués n'ont pas le temps d'ovationner l'artiste qu'un autre entre en action. La prestidigitation se poursuit.

La vie expire des sous-sols mais galope aussi dans les vastes prairies. Sous la poudre neigeuse, les bisons se blottissent pour se réchauffer à la vapeur des geysers. Sous le soleil, on aperçoit leurs troupeaux bossus cavaler dans les plaines herbeuses et les jeunes sautiller, jouer et narguer les anciens.

Au petit jour, les pêcheurs à la mouche taquinent la truite, l'eau jusqu'à la taille. De superbes élans s'ébrouent dans les rivières, leurs andouillers veloutés accrochant des écharpes de brume évanescente. Et à l'orée d'une sombre forêt de conifères, un énorme grizzli se déplace sous le regard écarquillé des voyageurs, témoins privilégiés de cette nature prodigieuse et capricieuse.

Contrairement au Grand Canyon d'Arizona qui fut creusé par les eaux du Colorado, le Grand Canyon de Yellowstone résulte d'une coalition de forces naturelles : éruptions volcaniques, glaciation et inondations, décomposition hydrothermale des roches et érosion due au vent, aux pluies et à la Yellowstone River.

GÉOLOGIE DE YELLOWSTONE

Comme une fine lame, Yellowstone a été forgé dans le creuset des volcans, trempé dans les glaciers du pléistocène puis façonné par l'eau, le vent et divers phénomènes biochimiques. Cette région a été soumise à de nombreux chaos violents qui ont déclenché des plissements de la croûte terrestre. Des couches rocheuses ont été soulevées puis pliées, fracturées et altérées par la pression et la chaleur intenses. Le vent et l'eau ont érodé les montagnes disparues sous les eaux montantes d'une mer intérieure. Il y a plus d'un million d'années, une gigantesque explosion a ainsi créé à Yellowstone un cratère de quarante kilomètres de diamètre sur deux kilomètres de profondeur que l'on parcourt aujourd'hui au sein du parc.

LE PHÉNOMÈNE DES GEYSERS

Les deux cents geysers actifs de Yellowstone National Park comptent parmi les plus grands du monde (avec ceux d'Islande et de Nouvelle-Zélande). L'eau emprisonnée au fond de la colonne du geyser ne peut arriver à ébullition car elle est soumise à une trop forte pression. Mais là où cette pression est plus faible, l'eau s'échauffe et se transforme en vapeur qui jaillit vers le haut. Elle propulse ainsi à la surface une superbe colonne d'eau.

LE LONG DE GRAND LOOP ROAD

L'exploration du parc requiert une bonne semaine tant il est vaste, unique et riche d'activités. Une magnifique route longue de 240 kilomètres – Grand Loop Road – permet d'accéder aux sites les plus remarquables que l'on approche au terme de courtes balades pédestres sur des sentiers aménagés.

Dans Mammoth Country, le voyageur découvre autour de Mammoth Hot Springs de fantastiques terrasses de concrétions irisées de couleurs jaune, rose, vert, ocre et des vasques de pierres renfermant des eaux chaudes couleur saphir. Une promenade contourne ainsi les plus beaux bassins étagés comme Minerva Terrace, Jupiter Terrace, Blue Pool, Devil's Kitchen (la Cuisine du diable) et bien d'autres formations saisissantes de glace opaline.

Dans Lake Country, région ceinte des hautes cimes déchiquetées des Absarokas Mountains, repose le majestueux Yellowstone Lake, si grand que le regard ne peut toucher ses rivages. Tout autour, des kyrielles de petits lacs bleu-vert bruissent du vol des milliers d'oiseaux qui y ont élu domicile.

Le fleuron du parc est le Geyser Country. C'est là que se trouvent bien sûr les incroyables colonnes d'eau bondissantes de leurs bassins turquoise dont le fameux Old Faithful Geyser. Parfaitement organisés, les Américains ont installé des bancs autour de ce geyser aussi ponctuel qu'un coucou suisse, dont les horaires des éruptions sont affichés au Visitor Center. Partant de là, plusieurs sentiers de balades et de randonnées sillonnent le plateau et permettent d'admirer au plus près ces phénomènes géothermiques.

Le Grand Canyon de Yellowstone, large de 300 à 1 400 mètres, balafre le Canyon Country, une des régions les plus sauvages du parc, émaillée de chutes et de cascades aussi belles que vertigineuses qu'il faut contempler depuis le belvédère d'Artist Point. En poursuivant vers le sud du canyon, la route débouche sur les immenses plaines herbeuses de Hayden Valley où se regroupent de nombreux troupeaux de bisons.

Activités : camping, pêche à la mouche, randonnées à cheval, ski de fond, motoneige, bateau de rivière, raquettes
Adresse postale : Yellowstone National Park, P.O Box 168, WY 82190 ; Tél. : (307) 344-7381 ou 344-7311 ; Fax : (307) 344-7456

Double page suivante :

Le sous-sol de Yellowstone est constitué d'andésite déposée sur 600 m d'épaisseur au-dessus de couches de calcaire percées de failles d'où montent des vapeurs chaudes. Si des eaux souterraines ou d'infiltration pénètrent et les rencontrent, elles sont échauffées et remontent à la surface sous forme de sources thermales calcaires (hot springs). À la surface, l'eau s'évapore et laisse des dépôts siliceux - les geysérites - qui finissent par s'accumuler en terrasses de concrétions.

Doubles pages suivantes :

En s'infiltrant dans le substrat calcaire, l'eau dissout du carbonate de calcium et, quand elle fait surface, celui-ci est précipité en cascades qui forment le travertin. Quand les conduits souterrains sont bloqués par des dépôts, l'eau cherche d'autres sorties, et là commence la formation d'une nouvelle terrasse.

Mammoth Hot Springs, dont les sources chaudes peuvent atteindre 72 °C comme celles de Minerva Springs. En suivant la Terrace Loop Road, les promeneurs approchent ces splendides terrasses de concrétions dont les couleurs s'irisent de mille éclats au soleil.

La parure automnale exacerbe les paysages de prairies, combes et vallées. Malgré les ravages du grand incendie de 1988, le parc continue d'enchanter ses nuées de visiteurs.

Ci-contre : Hayden Valley, lit d'un ancien lac glaciaire, offre un splendide écrin aux boucles indigo de la Yellowstone River qui arpente au fond du Grand Canyon de Yellowstone.

Page de droite :

Geyser Country est une merveille riche de dix mille points géothermiques dont plus de deux cents geysers actifs. C'est dans cette région que se trouve Old Faithful Geyser (le Vieux Fidèle) qui jaillit toutes les 65 minutes à une hauteur de 40-50 mètres. Depuis sa découverte en 1870, la légende s'est répandue que l'on pourrait régler sa montre en observant son activité.

Doubles pages suivantes :

Grand Prismatic Spring. L'eau qui déborde des sources chaudes s'éloigne en rigoles qui se refroidissent et se colorent. Les nuances, du jaune pâle à l'orange et au vert foncé viennent de la présence de bactéries et d'algues.

Au printemps, les prairies se couvrent de Castileja linariaefolia, *une des deux cents espèces de Pinceau d'Indien que l'on trouve en Amérique.*

L'altier pin Douglas occupe 75 à 80 % des forêts de Yellowstone. Les Indiens les utilisaient pour tailler les mâts de leurs tipis. Une belle cape émeraude où abondent cerfs, chevreuils et ours.

Page de gauche :

Un peu partout dans le Geyser Country, des cratères enferment des eaux d'une pureté cristalline. Ces « chaudrons du diable » aux rebords cannelés, bouillonnent et exhalent leurs panaches de fumerolles, créant une ambiance de genèse du monde.

Ci-contre : prairies inondées autour du poissonneux Yellowstone Lake, un des plus grands lacs alpins du monde, situé à 2 357 m d'altitude : 32 km de long, 23 km de large et 91 m de profondeur, il couvre une superficie de 360 km².

Page de gauche :

L'incendie de 1988 a réduit de 320 000 hectares la couverture végétale du parc mais a aussi favorisé la régénérescence de l'écosystème. Depuis le retrait des glaciers voici 12 000 ans, de gigantesques feux ont périodiquement nettoyé, revitalisé et diversifié la forêt de Yellowstone.

Ci-contre : surnommé « le Serengeti américain », Yellowstone est le sanctuaire du bison américain, du grizzly, du wapiti, du mouflon, de l'élan, des chevreuils, des coyotes et de l'antilope américaine. Mais aussi des lynx, pumas et des loups gris, réintroduits en 1995. Plus de deux cents espèces d'oiseaux y vivent, notamment l'aigle pêcheur et le cygne à trompette. Les rivières, très poissonneuses, font le bonheur des pêcheurs à la mouche, qui doivent cohabiter avec les nombreux castors.

Double page suivante :

Les bois couverts de velours donnent une royale prestance aux wapitis mâles. En été, le sang qui circule dans le velours est refroidi, créant une climatisation naturelle. Dès l'automne, les andouillers se durcissent, prêts pour les joutes du rut.

Grand Teton National Park (Wyoming)

« Terre des élans »

La plus jeune chaîne des Rocheuses élance ses douze pics granitiques déchiquetés à près de 4000 mètres d'altitude. Un paysage spectaculaire où les glaciers se réfléchissent dans la kyrielle de lacs translucides et dans la majestueuse Snake River frangée de peupliers de Virginie aux inflorescences cotonneuses.

Superficie : 1300 km^2
Situation : au nord-ouest du Wyoming
Altitude : 1800 à 4200 m
Parc national depuis 1929
Saison : partiellement ouvert toute l'année ; neige abondante en hiver ; extraordinaire en automne et idéal pour observer les élans.

Les grandes prairies couvertes d'armoises attirent les troupeaux d'antilopes américaines. Dans la zone marécageuse de la Snake River, au-dessus de 1800 m, élans, bisons et cerfs paissent tranquillement à quelques mètres des visiteurs.

Nous sommes ici au pays des wapitis et des *mooses*, les grands élans d'Amérique du Nord qui fuient vers les hauteurs en été mais redescendent en hiver dans la vallée. Solitaires et matinaux, on entr'aperçoit ces orignaux au bord des rivières et marécages embrumés.

À chaque saison, prairies et forêts arborent leurs nouveaux costumes. Camaïeux de vert au printemps et en été mouchetés de fleurs multicolores comme les lupins, les myosotis sauvages en coussinet ou les belles castillées flamboyantes, au joli sobriquet de Pinceau des Indiens.

Une superbe parure qui se poudre d'or et de pourpre dès l'automne venu, avant de se camoufler pour l'hibernation dans une épaisse pelisse blanche quand s'installent les longs hivers.

Yellowstone NP
South Entrance
Flagg Ranch Village
Grassy Lake Road
WINEGAR HOLE
WILDERNESS
JOHN D.
ROCKEFELLER Jr
MEMORIAL
PARKWAY
Snake River
Ashton
Lizard Creek
89
191
287
TETON
WILDERNESS
JEDEDIAH
SMITH
WILDERNESS
JACKSON LAKE
Leeks
Marina
Colter Bay
Visitor Center
Two Ocean Lake
Swan
Lake
Emma
Matilda
Lake
Jackson Lake
Lodge
Moran
Entrance
Station
TARGHEE
NATIONAL FOREST
26
287
Signal Mountain
Leigh
Lake
Buffalo Fork River
Dubois
TETON
RANGE
Teton Park Road
Jenny Lake
Lodge
Gunningham
Cabin
Jenny
Lake
Triangle X
Ranch
Driggs
Hidden
Falls
South
Jenny Lake
Teton Canyon
Bradley
Lake
Cottonwood Creek
Snake River
BRIDGER TETON
NATIONAL FOREST
Taggart
Lake
Moose
Visitor
Center
Menors
Ferry
Antelope Flats
Road
Teton Science School
Phelps
Lake
Dornan's
Atherton Creek
Moose Wilson Road
Kelly
Gros Ventre River Road
Gros Ventre River
Lower
Slide Lake
Red Hills
Gros Ventre
Crystal
Creek
Idaho Falls
Jackson
Hole
Airport
Teton
Village
NATIONAL
ELK REFUGE
Grand Teton
National Park
390
5 km
5 miles
26
89
Wilson
Coal
Creek
22
191
Jackson
Route goudronnée
Route non revêtue
Piste
Poste de Rangers
Hébergement
Aire de camping

GÉOLOGIE DE GRAND TETON NP

La chaîne dentelée qui s'offre au regard s'est élevée il y a quelque dix millions d'années et, plus tard, une gigantesque couche de glace transforma le paysage, faisant surgir d'imposants glaciers qui reculèrent voici dix mille ans sous l'effet du réchauffement.

Cette chaîne est assez insolite aux États-Unis tant elle ressemble à nos montagnes alpines. Il est rare en effet de voir outre-Atlantique de tels pics pointus et acérés, les montagnes y présentant généralement des sommets plus adoucis. Ici, la terre ne cesse de travailler, comme en témoignent les tremblements de terre qui secouent la région.

ALPINISME, RANDONNÉE ET SKI

La vie fourmille tout le long de la magnifique Snake River qui bouillonne au printemps sur une quarantaine de kilomètres au sein du parc. Celui-ci commence au Moose Visitor Center, un lieu propice pour s'informer sur les animaux que l'on est susceptible de rencontrer au gré des 350 kilomètres de chemins de randonnée balisés.

C'est également dans ce centre d'information que les alpinistes chevronnés pourront s'inscrire pour entreprendre une course de haute montagne avec un guide professionnel. Bien que Grand Teton National Park soit très couru des montagnards expérimentés et des skieurs qui affluent à Jackson Hole, station chic du Wyoming, il est possible d'y effectuer de belles balades accessibles à tout marcheur.

Le Taggart Lake Trailhead par exemple est une petite promenade de cinq kilomètres qui débouche sur un lac glaciaire. De même, une boucle de dix kilomètres permet de faire le tour du splendide Jenny Lake d'où s'égaillent de nombreux sentiers de randonnée dont certains partent à l'assaut des cimes enneigées.

Activités : camping, alpinisme, randonnées à cheval, cyclotourisme, ski, pêche, motoneige
Adresse postale : Grand Teton National Park, P.O Box 240 Moran, WY 83013 ; Tél. : (307) 543-2855 ; Fax : (307) 543-2869

Page de gauche :

De nombreux sentiers de randonnées pédestre et équestre parsèment Grand Teton, parc de 1 300 km² fondé en 1929 au sud de Yellowstone. Il fut baptisé par des trappeurs franco-canadiens, les premiers à s'y aventurer au début du XIXᵉ siècle alors qu'ils recherchaient des peaux de castors. Cette cuvette glaciaire fut habitée par les tribus indiennes Blackfeet, Crows, Shoshones et Gros-Ventre qui s'y installaient l'été pour chasser le gibier. Magnifique région que surplombent d'imposantes montagnes : Grand Teton (4 197 m), Middle Teton (3 903 m), South Teton (3 814 m), Mount Owen (3 940 m), Mount Moran (3 781 m) et une frange d'autres sommets qui culminent à plus de 3 300 m.

Doubles pages suivantes :

Glaciers turquoise, torrents tumultueux, lacs cristallins forgent un paysage de toute beauté qui se fige dans une armure de glace au cours des longs hivers qui enferment Grand Teton dans une paisible hibernation.

Le printemps est une belle saison pour visiter le parc. Mais c'est en automne que ses paysages arborent leurs plus beaux atours où dominent l'or et le pourpre. Quand les premiers flocons saupoudrent plaines et montagnes, les skieurs affluent à Jackson Hole, station très chic du Wyoming et point de départ pour de nombreuses excursions dans Grand Teton National Park.

IDAHO
WYOMING
Golden Spike N.H.S.
Great Salt Lake
80
80
SALT LAKE CITY
NEVADA
Timpanogos Cave N.M.
Utah Lake
Dinosaur N.M.
Green River
UTAH
COLORADO
70
Arches N.P.
15
Capitol Reef N.P.
Canyonlands N.P.
Cedar Breaks N.M.
Zion N.P.
Bryce Canyon N.P.
Glen Canyon N.R.A.
Natural Bridges N.M.
Hovenweep N.M.
ARIZONA
Rainbow Bridge N.M.

Parcs de l'État de l'UTAH

Surnoms : Beehive State (État des ruches)
et Mormon State (État des mormons)
Superficie : 219 930 km^2
Population : env 2 millions d'hab
(34ᵉ État par sa superficie)
Capitale : Salt Lake City (env 170 000 hab)
Entrée dans l'Union : 4 janvier 1896 (45ᵉ État)
Parcs nationaux : Bryce Canyon NP, Arches NP, Capitol Reef NP, Canyonlands NP, Zion NP, Glen Canyon NP.

L'Utah arbore une couleur, le rouge. Sa terre craquelée, ses buttes farouches, ses arches arrondies… du sang coule dans ses pierres qui déclinent au fil des heures des teintes plus diluées, du rose à l'orangé.

Capitol Reef National Park (Utah)

« Terres de l'arc-en-ciel assoupi »

Moins fréquenté que Bryce Canyon ou Zion, Capitol Reef offrira pourtant d'indicibles moments aux assoiffés d'espaces solitaires. Les attendent de nombreux sentiers balisés flanqués de falaises rouges et de dômes ocre.

Superficie : 976 km²
Situation : au sud de l'Utah
Altitude : 1 200 à 2 682 m
Parc national depuis 1971
Saison : températures extrêmes l'été avec orages ; printemps et automne doux mais nuits fraîches.

Trembles, saules et frênes peignent au printemps un lé de velours qui enlace les méandres de l'imprévisible Fremont River. Douce oasis dont la vue rassérène. Au-delà, un paysage désertique, rude et désolé.

Il faut s'échapper sur les pistes sablonneuses des canyons solitaires de Halls Creek, Capitol Gorge et de Grand Wash pour recueillir toutes les bontés de Capitol Reef que survolent, en cercles menaçants, des aigles royaux.

Des gorges généreuses en jardins suspendus où fleurs colorées et fougères tenaces égayent les rochers rouge cramoisi.

Alentour, les hautes falaises, les dômes massifs et de sveltes

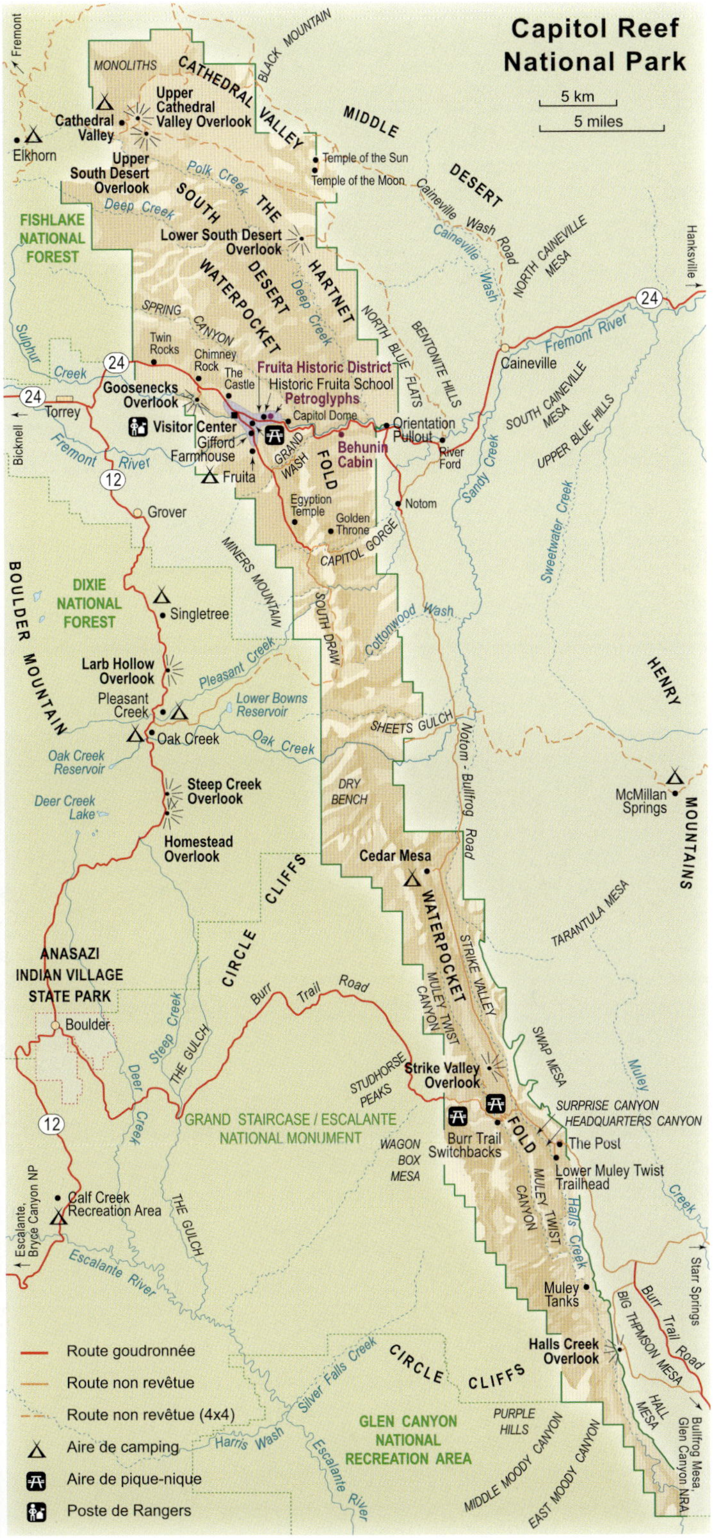

Les sentiers sont balisés par des cairns que les randonneurs entretiennent.

Page de gauche :

La randonnée en solitaire est de loin le meilleur moyen de découvrir les arcanes de Capitol Reef, qui abrite encore quelques pictogrammes dans le chaos des rocs rouges, seuls vestiges d'anciens peuplements indiens de chasseurs-cueilleurs qui y cultivaient le maïs, les courges et les haricots.

aiguilles montent la garde sur un désert assoupi… mais néanmoins dangereux : un violent orage et l'adorable arroyo se métamorphose en torrent tumultueux.

GÉOLOGIE DE CAPITOL REEF

Ce parc doit son aspect très tourmenté au *Waterpocket Fold*, un gigantesque plissement de la croûte terrestre provoqué par la formation des Rocheuses et qui s'étire sur 160 kilomètres. Les divers pigments de la roche – rouge, violet, jaune, vert, ocre, gris et blanc – donnent de précieuses informations sur les couches sédimentaires et leurs stades de formation.

Pendant la période triasique (la plus courte de l'ère secondaire), la mer disparut, laissant une vaste plaine limoneuse qui devint un désert de sable. Les dunes se pétrifièrent au jurassique, créant les énormes rochers parmi lesquels on se balade aujourd'hui.

Ci-contre : le parc national abrite le plissement monoclinal (falaise renversée) le plus spectaculaire des États-Unis, forgé de falaises rouge-orangé ornementées de magnifiques sculptures dues à l'érosion, telles de grandes orgues minérales.

Page de gauche :

Surpris, les mormons découvrirent de véritables oasis luxuriantes au cœur de cette région désertique et s'y implantèrent le long des méandres de la Fremont River. Bien avant eux, les tribus indiennes Fremonts (VIIIe siècle) puis Utes et Païutes firent de la région leur terrain de chasse favori.

INDIENS FREMONTS ET MORMONS

Page de droite : une succession de bassins et de petites cascades dans la vallée de la Fremont River.

Ci-dessous : une randonnée au fond du canyon par les sentiers de Grand Wash et des Narrows permet d'admirer le remarquable travail de l'érosion et de mieux cerner la structure de Capitol Reef, strié de chaînons nés de la formation des Rocheuses.

À partir du VIIIe siècle, une peuplade appartenant à l: « culture de Fremont » (mystérieusement disparue vers 1250 s'établit dans cette région, y laissant des traces de leur civilisa tion sous forme de peintures rupestres encore visibles dan certains canyons.

Au début du XXe siècle, une communauté de mormon. s'installe sur les berges de la Fremont River. Grâce à un ingé nieux système d'irrigation, ils cultivèrent des agrumes, créan ainsi ce que l'on appelle l'oasis de Fruita.

CIRCULER DANS CAPITOL REEF

Le voyageur pressé peu suivre en voiture la Sceni Drive, qui porte assez mal sor nom finalement car les plu. beaux sites de Capitol Reef n se découvrent qu'à pied.

Depuis le Visitor Cente la route longe les célèbres ver gers de Fruita où chacun peu faire sa cueillette de pommes e cerises puis atteint Slickrocl Divide, un belvédère qui offr un superbe panorama sur Capi tol Reef. La route tortueus longe la rivière et passe dan des gorges, notamment Granc Wash, puis devant une cabanc en rondins. Il s'agit de Olc Fruita Schoolhouse, l'écolc construite en 1896 par les mor mons. Peu d'intérêt sinon profi ter de l'oasis de verdure alen tour qui tranche abondammen avec le décor désertique qu prédomine.

BALADES ET RANDONNÉES

Ce parc ne vous dévoiler: ses beautés qu'au terme de courtes balades qui vous feron passer dans des défilés étroit surmontés de falaises rouge magnifiques. Renseignez-vou

quand même auprès des Rangers sur les conditions météo car des orages lointains peuvent brutalement transformer les oueds en dangereux torrents.

- **Gooseneck Overlook** (30 mn aller-retour) : à faire juste avant le coucher du soleil pour découvrir la palette multicolore des rocs et parois du canyon.

- **Grand Wash** (1 h 30 aller-retour) : deux chemins partent de cette aire. Le premier conduit à Cassidy Arch, belle frondaison de pierre rouge et ocre que l'on atteint par un sentier raide et escarpé (sans ombre).

- L'autre sentier, grandiose, est celui de **Narrows** (2 h aller-retour) : si vous ne passez qu'une journée à Capitol Reef, c'est cette randonnée qu'il faut faire absolument. Elle vous conduira dans la solitude du canyon. On marche dans le wash (l'oued) plus ou moins à sec selon la saison (prévoir de bonnes chaussures étanches). Ceux qui souhaitent dominer le canyon emprunteront le sentier de **Capitol Gorge** (3 h aller-retour) qui s'élève sur la falaise à plus de trois cents mètres.

Activités : camping, randonnées à cheval, escalade
Adresse postale : Capitol Reef National Park, Torrey, UT 84775 ; Tél. : (801) 425-3791

Doubles pages suivantes :

The Castle (le Château) est une formation géologique caractéristique de Capitol Reef, moins célèbre cependant que Egyptian Temple qui ressemble (vaguement) aux formations de la Vallée des Rois.

Bassins d'eau de pluie et petites cascades d'eau cristalline apportent un peu de douceur à la vallée au-delà de laquelle s'étire un vaste désert inhospitalier.

Arches National Park (Utah)

« Pays des arches gelées »

À huit kilomètres de Moab, ce petit parc, idéal en famille, compte parmi les incontournables et peut se visiter en une demi-journée. Il concentre le plus grand nombre d'arches naturelles aux pierres couleur sang, à découvrir le long d'une route panoramique ou de courtes balades.

Superficie : 297 km^2
Situation : au centre-est de l'Utah
Altitude : 1 400 à 1 700 m
Parc national depuis 1972
Saison : toute l'année ; hivers doux, étés torrides (40 °C) ; automne et printemps magnifiques

Arches National Park est un des sites de l'Utah les plus prisés, où l'on admire la plus grande concentration connue d'arches de grès naturelles : près de deux mille.

Frêles sculptures. Telles des oriflammes de feu, elles flottent entre ciel et terre. Dentelles cristallisées, des centaines d'arches en grès aux belles rotondités témoignent du patient travail d'orfèvre accompli par le Temps.

L'œuvre de la nature, souvent imperceptible mais inexorable, ne cesse de modifier la physionomie d'un paysage dynamique. Un rocher qui s'effondre, un hiver plus âpre, et c'est tout un équilibre qui est perturbé, une perspective qui se décale.

Pétrifiées ou modelées par le vent, le soleil, l'eau et le gel, ces arches enchantent même les voyageurs les plus blasés. Ici, on se promène de site en site comme on parcourt les salles d'un vaste musée à ciel ouvert.

Arches National Park
2,5 km
2,5 miles
EAGLE PARK
Yellow Cat Wash
YELLOW CAT FLAT
MOLLIE HOGANS
MINE DRAW
Cottonwood Wash
FIN CANYON
DEVIL GARDEN
Dark Angel
Private Arch
Double O Arch
KLONDIKE BLUFFS
Navajo Arch
Wall Arch
Partition Arch
Landscape Arch
Pine Tree Arch
Tunnel Arch
Tower Arch
Marching Men
Devils garden Trailhead
Campground
Skyline Arch
Amphitheater
Broken Arch
Sand Dune Arch
CLOVER CANYON
Salt Wash
LOST SPRING CANYON
WINTER CAMP RIDGE
LITTLE VALLEY
Salt Valley Wash
SALT VALLEY
FIERY FURNACE
Fiery Furnace Viewpoint
Salt Valley Overlook
Winter Camp Wash
Delicate Arch
Wolfe Ranch
Delicate Arch Viewpoint
Salt Valley Wash
Cache Valley Wash
CACHE VALLEY
HERDINA PARK
Eye of the Whale Arch
Panorama Point
DRY MESA
Crescent Junction
WILLOW FLATS
Garden of Eden
Ham Rock
Balanced Rock
Elephant Butte
Cove Arch
Cove of Caves
Double Arch
Parade of Elephants
North Window
Turret Arch
South Window
ROCK PINNACLES
191
THE GREAT WALL
THE WINDOWS SECTION
Salt Wash
Cisco, Castle Valley
313
SEVENMILE CANYON
Courthouse Wash
Petrified Dunes Viewpoint
Denver and Rio Grande Western
PETRIFIED DUNES
MAT MARTIN POINT
Courthouse Wash
BIG BEND
Dead Horse Point SP, Canyonlands NP
Tower of Babel
Sheep Rock
Courthouse Towers Viewpoint
Three Gossips
The Organ
COURTHOUSE TOWERS
La Sal Mountains Viewpoint
COLORADO RIVER
MOAB CANYON
Visitor Center
Park Avenue Viewpoint and Trailhead
JACKASS CANYON
Scenic Byway
128
279
Scenic Byway
MOAB VALLEY
NEGRO BILL CANYON
191
MOAB
Monticello, Canyonlands NP
Pétroglyphes
Circuit commenté
Aire de repos
Aire de camping
Aire de pique-nique
Eau potable
Route goudronnée
Route non revêtue
Route non revêtue (4x4)
Sentier de randonnée

Les plus matinaux se rendent à Landscape Arch, la plus longue arche naturelle du monde, amarrée, solitaire, dans le Jardin du Diable (Devil's Garden) où planent les parfums de genévriers et de verveine des sables. Le silence est d'une incroyable profondeur, à peine troublée par la cavalcade de lapins sauvages qui détalent en zigzag. Les premiers rayons allument doucement une extrémité de ce funambule qui va peu à peu s'embraser.

Au fil d'une pérégrination au milieu de ce chaos minéral, se découvre Balanced Rock, fantasque rocher dont l'équilibre ténu aurait pu inspirer le sculpteur Brancusi. En cheminant sur de petits sentiers, on atteint Windows Section et son ensemble de vastes fenêtres qui créent une sorte de paire de lunettes pour quelque créature géante. Majestueux aussi les monolithes aux noms évocateurs tels le Mouton (Sheep Rock), l'Œil de la Baleine (Eye of the Whale Arch), les Trois Commères (Three Gossips), l'Orgue (The Organ) ou la Tour de Babel (Tower of Babel Arch) qui s'égrènent en une folle parade pétroglyphique.

Et au coucher du soleil, au terme d'une marche sur un raidillon, rendue laborieuse par la chaleur que réfractent les

Ci-contre : Balanced Rock. Plusieurs sentiers faciles et courts permettent d'emmener les jeunes enfants sur des sites spectaculaires.

Page de gauche :

Perspective sur Turret Arch et South Window Arch, façonnées dans du grès d'Entrada. Sous l'effet de l'érosion et des variations climatiques, la surface s'est creusée, donnant naissance à de profondes failles, rendant instable le socle. L'effondrement incessant de pans de roches crée des arcs naturels.

pierres, se dévoile la reine des lieux, une perfection de la nature et un défi à toutes ses lois : Delicate Arch, nimbée d'un voile tango sur fond de cimes aux neiges éternelles. Un miracle de cette nature aux créations surréalistes…

GÉOLOGIE ET FLORE D'ARCHES NP

Le parc s'étend au-dessus d'un socle instable de sel atteignant par endroit près d'un kilomètre d'épaisseur et déposé sur le plateau du Colorado voici quelque 300 millions d'années alors que la mer inondait cette région avant de s'évaporer.

La roche qui constitue les arches, dômes et aiguilles, appelée grès d'Entrada (Entrada sandstone), date de quelque 150 millions d'années. Elle s'est formée au jurassique avec le dépôt d'épaisses couches de sable. Sous l'effet de l'érosion et des variations climatiques, la surface s'est creusée, donnant naissance à de profondes failles, rendant instable le socle. L'effondrement incessant de pans de roches crée des arcs naturels.

Ce désert est en outre recouvert d'une écorce cryptogamique, constituée d'organismes vivants microscopiques (bactéries, lichens, algues, champignons). Cette pellicule absorbe l'humidité et fournit les sels minéraux nécessaires à l'épanouissement de la flore. C'est pour protéger cette fine couche qu'il est interdit de sortir des sentiers balisés. Détruite, il lui faut cinquante ans pour se reconstituer.

Cabanes en rondins ou chapelles de planches lézardées dressent leur solitude en plein désert. Frêles vestiges de l'épopée des courageux pionniers en marche vers les confins de l'Ouest mais parfois découragés au point de se sédentariser.

CIRCULER DANS LE PARC

Les plus belles formations s'échelonnent le long de la Scenic Drive, une route panoramique qui s'enfonce dans le parc sur une cinquantaine de kilomètres. Elle permet donc d'admirer Balanced Rock, une vue célèbre d'Arches, les formations de Park Avenue (aiguilles, colonnes de dunes pétrifiées), les arches de Windows Section et Devil's Garden, point de départ des sentiers vers quelques-unes des plus belles arches.

BALADES ET RANDONNÉES

De chaque point d'observation (viewpoint) que l'on atteint en voiture, part un sentier qui permet à ceux qui le souhaitent de s'approcher au plus près des formations rocheuses et d'en découvrir de splendides dérobées au regard. Pendant la saison touristique (juin-septembre), les Rangers organisent des randonnées guidées d'observation de la nature au site de Fiery Furnace (environ trois heures de balade commentée passionnante). Les amateurs d'équitation trouveront à Moab des ranchs qui organisent des chevauchées guidées dans le parc national.

- **Balanced Rock** : une marche facile qui contourne cette énorme boule de pierre en équilibre fragile sur un cône rocheux.
- **Windows Section** (1,6 km aller-retour) : le sentier fait une boucle offrant une vue sur quelques arches dont Turret Arch et sur North et South Windows, une double arche splendide.
- **Delicate Arch** (environ 1 h ; 5 km aller-retour, 146 m de dénivelé, pas d'ombre) : une splendide balade à faire à partir de 16 h-17 h quand il fait moins chaud et pour assister à l'un des plus beaux couchers de soleil de l'Utah ! Le sentier qui grimpe est constitué de roches lisses, parfois glissantes et totalement exposées. Il faut absolument prévoir plusieurs litres d'eau par personne car, même en fin de journée, il fait encore très chaud. En observant bien les alentours, vous apercevrez sûrement quelques mouflons aux longues cornes annelées et enroulées. Le point de vue à l'arrivée est extraordinaire mais, en pleine saison, vous ne serez pas seul au sommet...
- **Devil's Garden** offre la plus belle concentration d'arches du parc à découvrir au terme de belles balades, dont celle qui conduit à Landscape Arch (2,6 km aller-retour), la plus grande arche naturelle du monde, particulièrement belle aux premières heures du jour. Des bifurcations permettent d'approcher par un chemin plus escarpé les arches de Tunnel et de Pine Tree.
- **Double O Arch, Dark Angel et Private Arch** (compter 3 h aller-retour) : le sentier de rocaille et de sable est assez difficile, marqué par des changements de dénivelés, mais le cadre est superbe et loin de la foule qui converge plutôt vers Delicate Arch.

Activités : camping, randonnées à cheval, cyclotourisme
Adresse postale : Arches National Park, P.O Box 907, Moab, UT 84532 ; Tél. : (801) 259-8161

Doubles pages suivantes :

Delicate Arch, un défi aux lois. Quatorze mètres de haut, posée sur la frange d'une mesa, le fleuron du parc.

Landscape Arch, près de trente mètres de haut et quatre-vingt-treize mètres de long, la plus grande connue dans le monde à ce jour.

Eau et glace, températures extrêmes et socle instable donnent à Arches National Park son aspect chaotique modelé par des forces violentes.

AUTOUR DE MOAB

Agréable et dynamique petite ville sur la Hwy 191, Moab constitue un point de départ idéal pour explorer les parcs nationaux d'Arches et de Canyonlands et le State Park de Dead Horse Point.

Ci-contre et page de droite : le Red Cliffs Lodge offre de beaux hébergements sur les berges du Colorado. Ce ranch-hôtel propose des chevauchées dans les canyons environnants pour aider les cow-boys à rassembler le bétail et marquer les jeunes veaux au fer.

Doubles pages suivantes :

De belles prairies grasses tapissées de fleurs sauvages apportent un peu de douceur au décor ultra-minéral. Petits édens pour le bétail à longues cornes élevé pour sa viande tendre, réputée dans tout le Far West.

Aux abords de Moab, le ruban couleur de sous-bois du Colorado se déroule en boucles larges et paisibles, offrant un peu de répit aux pagayeurs entre deux rapides renversants !

« Slickrock Trail » est une piste de VTT de toute beauté. Très connue des adeptes de ce sport, elle sillonne sur la crête de profonds canyons et contourne des dômes et buttes de grès. Son parcours, extrêmement difficile, n'est accessible qu'aux sportifs de très bon niveau.

Canyonlands National Park (Utah)

« Nous poursuivons notre chemin à travers une région curieus
étrange et imposante
(John Wesley Powel

C'est une merveille de l'ouest américain. Une ébullition minérale au milieu de gorges profondes évidées par le Colorado et la Green River. Ces fleuves capricieux, tels des étaux liquides, enserrent les tables, buttes et flèches multicolores qui forgent des paysages fracturés. Canyonlands déroule son infinité dans les espaces d'Island in the Sky, du Maze et des Needles.

Superficie : 1366 km^2
Situation : au sud-est de l'Utah
Altitude : 2377 m
Parc national depuis 1964
Saison : ouvert toute l'année ; hivers courts, peu de neige ; longs printemps et automnes (risques de vents violents) ; très chaud en été (+ 30 °C)

Les paysages pétrés de Canyonlands figurent parmi les plus spectaculaires des États-Unis. Ses alcôves et secrets arcanes se révèlent doucement, au cours de randonnées inoubliables.

Un parc, trois régions, une multitude de décors farouche rompus de montagnes boisées. Un gigantesque puzzle gran tique d'où émergent néanmoins des champs de riz indien e des myriades de genévriers. Seules sources d'eau au milie d'une vaste étendue sèche, la Green River et le Colorado att

rent cerfs, renards castors, lynx e oiseaux qui trou vent refuge sous le peupliers, tamaris e saules des rivages Des jardins inespé rés de cheveux-de Vénus, de scrofu laires et d'ancolie blanches, roses e violettes s'accro chent aux falaises.

Canyonlands National Park
5 km
5 miles
HORSETHIEF POINT
CANYON
HORSETHIEF
Moses and Zeus
TAYLOR
CANYON
BUCK
MESA
UPHEAVAL
CANYON
UPHEAVAL
DOME
Fort Ruin
Potato Bottom
The Breach
Whale Rock
Upheaval Dome
STEER
MESA
HOLEMAN SPRING BASIN
White Rim Road
Anderson Bottom
Candlestick Tower
Buttes of the Cross
WHITE
RIM
Green River Overlook
ISLAND IN THE SKY
Island in the Sky Visitor Center
Neck Spring
RED SEA FLAT
Shafer Trail Road
Shafer Canyon Overlook
GRAYS PASTURE
Aztec Butte
Willow Flat
Mesa Arch
Candlestick Tower Overlook
Washer Woman Arch
Airport Tower
Musselman Arch
Little Bridge Canyon
BUCK CANYON
LATHROP CANYON
SODA SPRINGS BASIN
White Rim Road
Buck Canyon Overlook
GOOSEBERRY CANYON
MURPHY HOGBACK
Orange Cliffs Overlook
Grand View Point Overlook
STILLWATER
CANYON
Junction Butte
MONUMENT BASIN
WHITE
RIM
COLORADO
RIVER
DEAD HORSE POINT STATE PARK
Visitor Center
Dead Horse Point Overlook
Gooseneck Overlook
GOOSE NECK
Moab
Potash
MEANDER
CANYON
Anticline Overlook
Pyramid Butte
Hatch Point
LOCKHART
CANYON
Horse Canyon Unit
CANYON
GLEN CANYON
NATIONAL
RECREATION AREA
MILLARD
Cleopatra's Chair
Ekker Butte
Panorama Point Overlook
Green River
White Crack
CANYON
THE LOOP
Needles Overlook
Indian Creek
HORSE CANYON
Maze Overlook
PETES MESA
NORTH TRAIL CANYON
Chocolate Drops
Harvest Scene Pictographs
Elaterite Butte
THE MAZE
CLIFFS
ELATERITE
BASIN
LAND OF
Chimney Rock
The Wall
The Plug
Lizard Rock
Bagpipe Butte Overlook
Bagpipe Butte
STANDING ROCKS
THE FINS
ERNIES COUNTRY
ORANGE
MEANDER
Colorado River Overlook
The Slide
Confluence Overlook
Lower Jump
Slickrock Foot
Canyonlands Needles Outpost
Big Spring Canyon Overlook
Needles Visitor Center
Newspaper Rock Recreation Site, Monticello
211
Pothole Point
Roadside Ruin
Cave Spring
Squaw Flat
Wooden Shoe Overlook
North Sixshooter Peak
Brown Betty Rapids
CYCLONE CANYON
LANE
ELEPHANT HILL
Devils Kitchen
Wooden Shoe Arch
S.O.B. HILL
DEVILS
CHESLER PARK
SQUAW CANYON
LOST CANYON
Peekaboo Spring
Tower Ruin
South Sixshooter Peak
Paul Bunyans Potty
CANYON
CATARACT
RIVER
COLORADO
BUTLER FLAT
Joint Trail
THE NEEDLES
Salt Creek
Gothic Arch
DAVIS CANYON
Mile Long Rapids
Big Drop Rapids
THE GRABENS
Druid Arch
Castle Arch
Fortress Arch
Angel Arch
WATERHOLE FLAT
IMPERIAL VALLEY
Bobbys Hole
Upper Jump
LAVENDER CANYON
Caterpillar Arch
Wedding Ring Arch
Cedar Mesa
Cleft Arch
Cathedral Point
Cathedral Butte
Lake Powell
Route goudronnée
Route non revêtue
Route non revêtue (4x4)
Sentier de randonnée
Circuit commenté
Aire de camping
Aire de pique-nique
Eau potable
Poste de Rangers

SLAND IN THE SKY (L'ÎLE DANS LE CIEL)

C'est depuis le large et haut plateau herbeux d'Island in he Sky, sorte de presqu'île suspendue à plus de 1 800 mètres 'altitude, qu'apparaît toute la quintessence de Canyonlands. 'ues époustouflantes sur les rivières Colorado et Green River ui rampent 1 200 mètres plus bas et sur un amphithéâtre qui 'en finit pas d'étaler ses ondulations de grès rose.

HE MAZE (LE LABYRINTHE)

Plus sauvage encore, le Maze offre un fouillis de canyons rratiques d'où se détachent tours et mesas désarticulées, moi-ées de pigments d'une grande variété. Solitude et silence ccompagnent l'exploration de cette terre primitive jusqu'en on cœur où se cachent, à Horseshoe Canyon, les silhouettes le peintures indiennes abandonnées il y a plus de deux mille ns sur leurs chevalets de pierre.

HE NEEDLES (LES AIGUILLES)

Mais le fleuron de Canyonlands se calfeutre dans les Needles, une région riche de flèches sculptées, de pitons et anyons aux noms évocateurs : la Cuisine du Diable (Devil's Kitchen), la Colline de l'Éléphant (Elephant Hill), l'Arche de la Chenille (Caterpillar Arch)… Et, dominant cette débauche de la nature, sont les Needles elles-mêmes, imposants pinacles

Ci-contre : des rocs blanchâtres arrondis par l'érosion surmontent les fameux pinacles rouges et roses qui façonnent les Needles.

Page de gauche :

Les parois lisses et vertigineuses qui surplombent la Green River constituent un terrain de jeu fantastique pour les accros de l'escalade sportive.

rocheux striés de veines rouges, bizarrement chapeautés d calottes blanches. De vastes prairies verdoyantes, promesses d vie, se nichent dans cet écrin de roche dénudée.

GÉOLOGIE DE CANYONLANDS NP

Ce canyon impressionnant est né du travail incessar d'érosion mené par le Colorado et son affluent la Green Rive Depuis trois cent millions d'années, ils creusent un vaste bassir large de soixante-dix kilomètres et d'une profondeur proche d six cents mètres. En se rencontrant, les deux cours d'eau fo ment Cataract Canyon, un des rapides les plus impressionnan de la région, que les amateurs de rafting connaissent bien.

La qualité des roches (calcaire, grès, granite) a entraîn différents types d'érosion, ce qui explique la grande variété d paysage (aiguilles, canyons, grottes, arches).

LES PEUPLEMENTS INDIENS

Des nomades traversèrent la région il y a plus de dix mill ans puis des tribus Anasazis et Fremont s'y installèrent voic quelque deux mille ans. Ils se nourrissaient de gibier, culti vaient le maïs, la courge et les haricots et élevaient des din dons. Peu à peu, ils construisirent des habitats plus perma nents, dont il reste quelques vestiges aujourd'hui dans le Needles. Vers 800 de notre ère, des tribus Utes et Païutes arri vèrent, puis les Navajos en 1300.

CASTORS ET URANIUM

En 1770, des missionnaires espagnols ont vainement cher ché une route dans la région pour relier le Nouveau-Mexique à la Californie, route qui sera finalement établie vers 1800 (Spanisl Old Trail). Les premiers explorateurs étaient probablement de trappeurs français et canadiens en quête de fourrure de castor e de loutre. Au XIXe siècle, le Maze attira les éleveurs de bétail qu amenaient leurs cheptels en hiver. De 1950 à 1964 (année de l fondation du parc), Canyonlands connut une folle ruée sur l'ura nium, dont il reste une piste de 160 km, la White Rim Road, inté ressante à faire en 4x4 car elle traverse des paysages grandioses

CIRCULER DANS CANYONLANDS NP

Ce parc est vaste et se visite en plusieurs jours. De nom breuses pistes, surtout dans le Maze, ne sont accessibles qu'aux 4x4, aussi des agences à Moab proposent-elles des visites gui dées en tout-terrain dans les arcanes de Canyonlands.

En arrivant de Moab (avant l'entrée de Canyonlands) i faut absolument s'arrêter au **Dead Horse Point Overlook**, ur romontoire qui surplombe de façon fantastique le Colorado et ermet d'embrasser la topologie de Canyonlands.

Dans Island in the Sky, plusieurs points de vue méritent coup d'œil (Shafer Canyon, Neck Spring, Mesa Arch) mais s deux plus beaux panoramas s'offrent à Grand View Point)verlook et à Green River Overlook. Dans les Needles, pluieurs belvédères intéressants (Needles Overlook, Wooden hoe Arch) mais cette région se prête davantage à la marche u aux balades à cheval. En sortant du parc par le sud et en mpruntant la route Hwy 211, vous atteindrez **Newspaper ock**, un site très intéressant qui abrite plus de trois cents desins rupestres parfaitement lisibles mais aux significations ncore méconnues.

BALADES ET RANDONNÉES

Les sportifs adoreront Canyonlands, vrai paradis des ranonneurs qui ne craindront pas les sentiers difficiles du **Maze** our se plonger dans la solitude absolue. Des marches un peu lus faciles se font dans les **Needles** (Roadside Ruin Trail, othole Point Trail), certainement la plus belle zone sauvage e ce parc aux paysages étonnants.

Si vous ne deviez faire qu'une seule randonnée, optez lors pour celle qui conduit à **Chesler Park** (environ 5 h alleretour). Le sentier est certes très escarpé mais le décor époustouflant est d'une grande variété. Après avoir crapahuté au nilieu d'étranges aiguilles capuchonnées, traversé des oueds lus ou moins à sec et franchi plusieurs chaînons rocheux, ous atteindrez une vaste prairie herbeuse piquetée d'arbres ui apportent un peu d'ombre bienfaitrice. Un site parfait pour ique-niquer ou camper (avec un permis à retirer auprès du /isitor Center).

RAFTING

Depuis Moab, il est possible de sillonner Canyonlands en afting jusqu'au Lake Powell. Une expédition de 3-4 jours qui lonne une tout autre perspective du canyon. Une expérience faire vraiment si l'on passe un peu de temps dans la région.

Activités : camping, randonnées à cheval, excursions en 4x4, excursions en bateau, varappe, VTT, rafting
Adresse postale : Canyonlands National Park, 125 W second street, Moab, UT 84532 ; Tél. : (801) 259-7164

Doubles pages suivantes :

Un fronton d'aiguilles à franchir, un petit défi sur le sentier qui conduit à Chesler Park, une des plus belles randonnées de Canyonlands.

Grâce aux sources souterraines et au grès qui retient l'humidité, des oasis surgissent là où l'on ne s'y attend pas. Des havres accueillants pour les randonneurs.

Ci-contre : Newspaper Rock (au sud de Canyonlands), est un rocher de grès rose couvert de près de trois cents peintures rupestres parmi lesquelles des scènes de chasse au wapiti et des signes au sens non révélé à ce jour. Des témoignages émouvants de la présence de nombreuses tribus indiennes – Fremonts et Pueblos (Anasazis) – sur quelque trois mille ans… Pour les Navajos, c'est le « Rocher qui raconte des histoires ».

Page de gauche :

La plupart des pistes de Canyonlands ne sont accessibles qu'en 4 x 4. À moins de savoir piloter en tout-terrain, mieux vaut les explorer avec un guide expérimenté.

Doubles pages suivantes :

Les Needles abritent des ruines d'habitations indiennes en argile et en pierre à l'instar de Tower Ruin. Les Anasazis mais aussi les Fremonts et les Basketmakers (tribu réputée pour sa vannerie) ont laissé ici de nombreuses empreintes sur les falaises, mais la signification des motifs peints, figures ou visages, reste encore largement inexpliquée.

Camper dans les Needles, c'est assister aux jeux d'ombres et de lumières sur les flottilles de rochers amarrés dans l'éther. C'est s'approprier un espace grandiose une fois tous les visiteurs diurnes repartis.

Vue panoramique depuis le belvédère de Dead Horse Point State Park, à quelques kilomètres de Canyonlands. Un des meilleurs sites pour contempler les boucles vert-bleu du majestueux Colorado.

Spectaculaire Island in the Sky balafrée de canyons rouges et verts aux pierres mutilées par le froid, le gel, la pluie et la chaleur.

Le VTT est autorisé dans Canyonlands sur des pistes balisées à cet effet. Le relief, extrêmement chaotique, risque de décourager les super amateurs, mais de transcender les super pros.

Bryce Canyon National Park (Utah)

« Les parfums, les couleurs et les sons se répondent»
(Charles Baudelaire)

Piquant. Tel est le spectacle qu'offre Bryce Canyon, petit joyau blotti dans l'écrin malachite d'une épaisse forêt de conifères, la Dixie Forest. Un extravagant amphithéâtre hérissé de pitons et pinacles aux couleurs vives zébrées de nervures blanchâtres.

Superficie : 148 km²
Situation : au Sud-Ouest de l'Utah
Altitude : 2 438 à 2 743 m
Parc national depuis 1923
Saison : agréable d'avril à octobre (doux le jour, nuits fraîches); caniculaire l'été, hivers rudes souvent enneigés.

Au nord du plateau de Paunsaugunt, « le pays des castors » en indien, Bryce Canyon raconte une histoire géologique récente. Pour beaucoup de voyageurs, c'est un des fleurons de l'ouest. Le plus insolite certainement.

Une féerique armada de lanciers géants où les hoodoos, les cheminées de fées - étranges colonnes calcaires en gradins - dessinent un labyrinthe que l'on explore, touché par quelque sortilège. Inquiétants parfois, les ululements du vent qui s'engouffre dans les défilés sinueux et s'enroule autour de ces superbes totems de pierre…

Ici se devine la présence d'un Caniche modelé dans un rocher (Poodle Rock) qui pose pour l'éternité. Là, c'est une Muraille de Chine (Chinese Wall), bien modeste formation rocheuse comparée à son modèle mais néanmoins envoûtante. Ou encore le Marteau de Thor (Thor's Hammer), guère menaçant en regard de la colonne de l'Alligator (Alligator's Rock)…

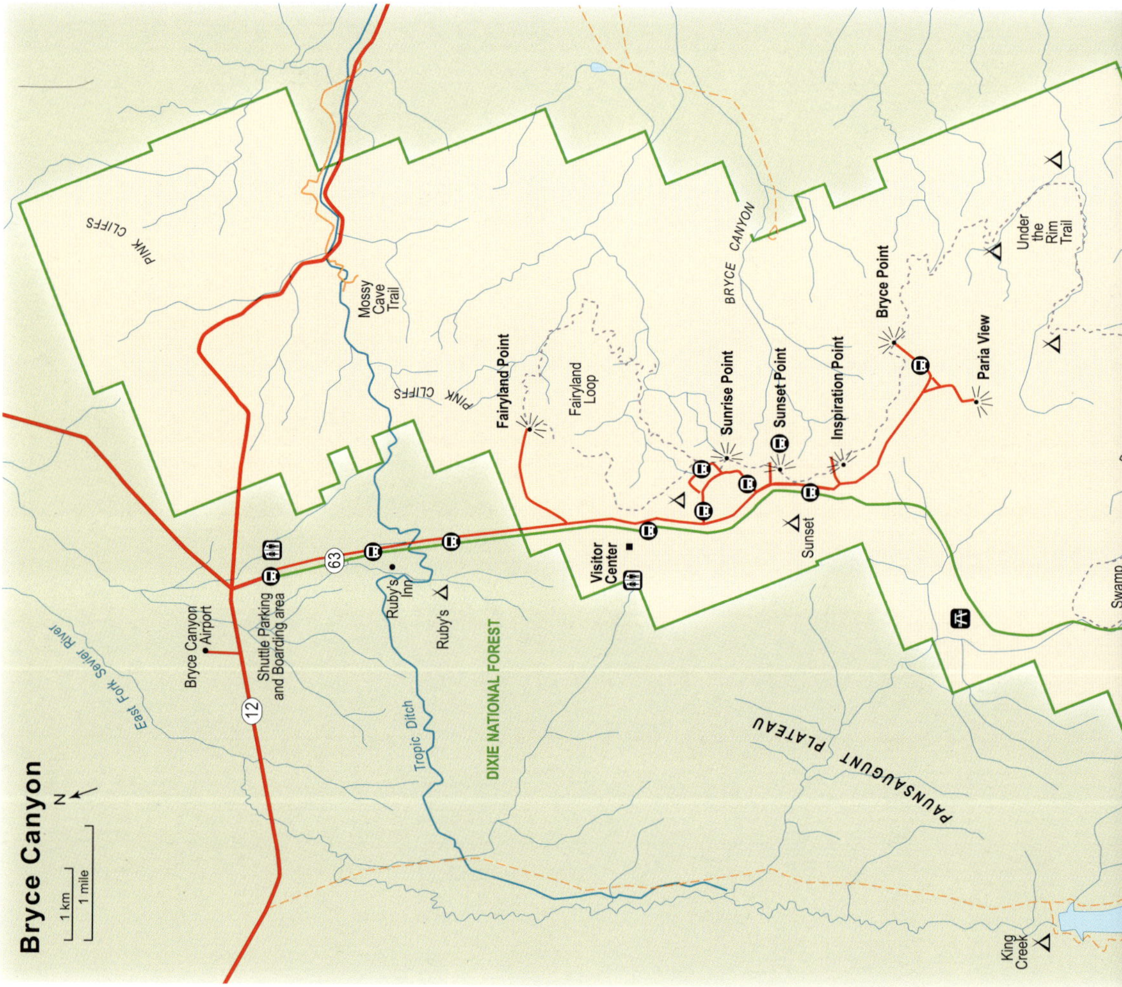

Pas étonnant que les Indiens Anasazi puis les Païutes aient surnommé les lieux Fairyland, le Pays des Merveilles. Celles-ci se révèlent à chaque belvédère et font étalage de leur opulence à Bryce Point dans la fraîcheur de l'aube. Grandiose panorama qui se pavane en Technicolor, dans une palette de rose, d'orange et de rouge profond. Même le manteau de neige ne peut éradiquer les vifs éclats de la roche constellée d'infimes paillettes argentées… Elles miroitent dans cette émulsion minérale d'où émergent de-ci de-là des plantes qui s'accrochent à la rosée de la vie.

Page précédente :

Le temps a sculpté à Bryce Canyon une cathédrale de feu façonnée de grandes orgues de pierre, d'où émergent au printemps des fleurs multicolores.

GÉOLOGIE DE BRYCE CANYON

La naissance de Bryce Canyon remonte à 50-60 millions d'années. Des couches sédimentaires de 600 mètres de profondeur, déposées dans une cuvette glaciaire, se sont progres-

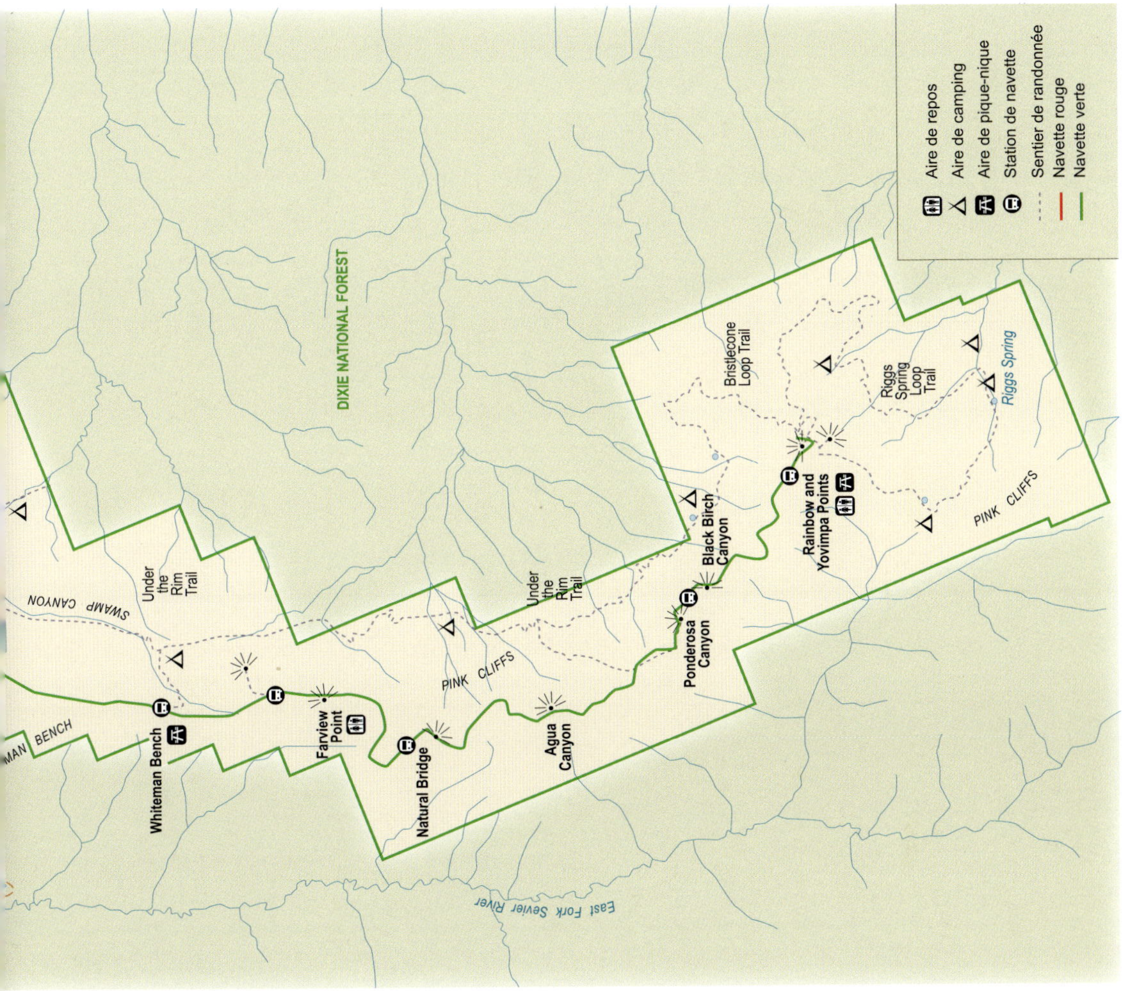

sivement soulevées à plus de 2500 mètres d'altitude. L'érosion, entamée il y a treize millions d'années sur les formations limoneuses de Wasach (roches friables), a tranquillement façonné les falaises de grès, d'argile et de calcaire que l'on admire aujourd'hui et dans lesquelles les Païutes voyaient des hommes dressés. Leurs couleurs inouïes, du rose pâle au rouge sang et violet en passant par des tons bleutés, viennent de la présence d'oxydes de fer et de manganèse.

LE GRAND STAIRCASE

Le Grand *Staircase* (Grand Escalier) constitue un ensemble de strates rocheuses qui forment les divers paliers de ce gigantesque escalier. Il s'étire au nord et culmine à Bryce Canyon avec les Pink Cliffs (Falaises Roses), à près de 2700 mètres d'altitude.

Ces socles de roche tendre aux pentes abruptes limitent l'épanouissement de la végétation dans le canyon de Bryce. Pins et genévriers apposent leur touche verte dans une toile résolument rouge orangée alors que sur le plateau jaillit une belle forêt d'essences variées.

BALADES ET RANDONNÉES

Les voyageurs pressés peuvent suivre la Rim Drive, route panoramique qui surplombe l'amphithéâtre de pitons et offre divers points de vue incontournables : Fairyland Point, Sunrise Point (à faire donc au lever du jour) sans oublier les vues spectaculaires d'Inspiration Point et de Bryce Point.

Mais ici plus qu'ailleurs peut-être, la marche ou une randonnée à cheval s'impose pour qui souhaite sentir les vibrations de Bryce Canyon, approcher ses étranges aiguilles rocheuses, déambuler dans son éclatant labyrinthe. Des balades d'une heure aux randonnées de plusieurs jours, l'immersion est totalement dépaysante.

Sentiers au départ de Fairyland Point :

- **Rim Trail :** chemin facile qui longe la falaise en suivant la crête sur 9 km et passe par tous les principaux belvédères.
- **Navajo Loop Trail** (4h aller-retour) descend dans l'amphithéâtre avec un dénivelé de 229 m. Superbe en fin d'après-midi.

Entre Capitol Reef et Bryce Canyon, une longue route traverse de superbes paysages mais les étapes s'y font rares. Quelques villages restaurés à la mode cow-boy, assoupis la plupart du temps, se réveillent en fanfare au plus fort de l'été où se déroulent de nombreux rodéos spectaculaires et renversants !

Sentiers au départ de Sunrise Point :

- **Queen's Garden Trail** (1h) est facile et magnifique car ce chemin s'entortille autour des pitons multicolores aux pieds desquels le promeneur se sent infiniment petit…

- **Tower Bridge Trail** (3h30 aller-retour) est un chemin plus ardu à cause du dénivelé mais l'arrivée vaut tous les efforts tant le spectacle y est grandiose.

Sentier au départ de Bryce Point :

Une vraie randonnée de deux jours minimum attend les aventuriers sur **Under the Rim Trail** qui sillonne le parc du sommet au fond du canyon sur une quarantaine de kilomètres.

Attention ! N'oubliez pas l'adage du Far West : « Who finds the gold makes the rules *», celui qui trouve l'or fait la loi. Chaude ambiance dans ces bourgades où l'on maniait le colt souvent plus vite que la pelle et la batée.*

Activités : camping, randonnées à cheval, ski de randonnée
Adresse postale : Bryce Canyon National Park, Bryce Canyon, UT 84717 ; Tél. : (801) 834-5322 ou 586-7686 ; Fax : (801) 586-3157

Doubles pages suivantes :

Bryce Canyon, ce sont d'abord des gigantesques pitons rouges vif mais aussi des arches déployées, des gorges balafrées et des buttes à la sauvage beauté.

Au-delà des cheminées de fées de Bryce Canyon, la Dixie Forest étale son vert manteau confectionné de trembles, de sapins et d'épicéas, habitat d'une faune très riche de petits rongeurs et gros prédateurs.

À chaque crépuscule, la nature tressaille sous les caresses du soleil. Face aux Pink Cliffs (Falaises roses), le regard savoure les moindres changements de couleurs qui sourdent de la roche.

Ci-contre : des promenades à cheval de 2h sont organisées dans le parc.
Une façon sympathique et tellement « western » de découvrir les merveilles dressées dans l'amphithéâtre.

Page de gauche :

La naissance de Bryce Canyon remonte à 50-60 millions d'années. Des couches sédimentaires de 600 mètres de profondeur, déposées dans une cuvette glaciaire, se sont progressivement soulevées à plus de 2 500 mètres d'altitude. L'érosion, entamée il y treize millions d'années sur les formations limoneuses de Wasach (roches friables), a tranquillement façonné les falaises de grès, d'argile et de calcaire que l'on admire aujourd'hui.

Zion National Park (Utah)

« L'Escalier des Géants

Zion est un parc aussi sauvage que spectaculaire grâce à ses hautes murailles de falaises rouges. Complètement envoûtant, on en lève les secrets en parcourant ses sentiers de randonnée ou en escaladant ses façades en aplomb.

Superficie : 595 km²
Situation : au sud-ouest de l'Utah
Altitude : 1 200 à 2 400 m
Parc national depuis 1919
Saison : ouvert toute l'année. Caniculaire en été, froid en hiver avec chutes de neige. L'automne est magnifique.

Pins Ponderosa, chênes, cactus, frênes et peupliers créent une oasis longue de quinze kilomètres, flanquée de hautes falaises rouges. Un des plus beaux parcs pour les randonneurs et les adeptes de l'escalade.

Mont du Soleil, le Rocher en Pleurs, le Veilleur ou le Temple de Sinawa... Des empreintes de civilisations amérindiennes (Anasazis et Païutes) qui se sont succédé dans la vallée de Mukuntuweap, nom indien de ce canyon.

Cour des Patriarches, Voie du Mont Carmel, Grande Arche, Autel du Sacrifice... Clins d'œil bibliques pour des montagnes griffées de veines vermeilles, rebaptisées par des mormons qui élurent domicile dans cette profonde entaille, leur nouvel éden.

Falaises abruptes, terrasses aériennes, dômes élégants et pics dentelés se déclinent au fil des heures du rose pâle au rouge sang... Un long canyon modelé par la fougueuse Virgin River qui scintille de millions de gouttelettes créant un joyeux kaléidoscope...

Zion National Park
5 km
5 miles
Poste de Rangers
Aire de repos
Aire de camping
Aire de pique-nique
Eau potable
Amphithéâtre
Route goudronnée
Route non revêtue
Sentier de randonnée
Navette de Springdale
Navette de Zion Canyon
Station de navette
Cedar City, Salt Lake City
Cedar City
15
Camp Creek
Taylor Cr.
North Fork
Taylor Cr. Trail
Middle Fork
PARIA POINT
South Fork
Kolob Canyons Road
Kolob Canyons Visitor Center
Lee Pass
Kolob Canyons Viewpoint
HURRICANE CLIFFS
Timber Creek
La Verkin Cr. Trail
TIMBER TOP MOUNTAIN
Kolob Arch Trail
Kolob Arch
La Verkin Creek
Beatty Spring
Wills Creek
La Verkin Creek Trail
BEARTRAP CANYON
Chasm Lake
Kolob Reservoir
UPPER KOLOB PLATEAU
LONG POINT
HOP VALLEY
Hop Valley Trail
Blue Springs Reservoir
Fire lookout
Lava Point
Zion NP
Oak Creek
VIRGIN FLATS
Deep Creek
HOGS HEAVEN
COGSWELL POINT
Kolob Creek
North Fork
Virgin River
Spring
Sawmill Spring
Terrace Road
Kolob
Connector Trail
Wildcat Canyon Trail
Northgate Peaks Trail
West Rim Trail
HORSE PASTURE PLATEAU
Goose Creek
Big Springs
POTATO HOLLOW
LOWER KOLOB PLATEAU
CAVE VALLEY
La Verkin Creek
SMITH MESA
Smith Mesa Road
ORDERVILLE CANYON
Keyhole Falls
Left Fork
East Mesa Trail
West Rim Spring
Temple of Sinawava
Right Fork
Double Falls
ZION CANYON
Scenic Drive
ECHO CANYON
Stave Spring
East Rim Trail
Zion Lodge
WHITE CLIFFS
COUGAR MOUNTAIN
HURRICANE MESA
TOWERS OF THE VIRGIN
Zion Canyon
East Entrance
Zion - Mount Carmel Hwy
Tunnel
Grand Canyon NP, Bryce Canyon NP
Kolob Road
North Creek
Virgin
Spring
Zion Museum
South Entrance
Zyon Canyon Visitor Center
Wash
Scoggins Wash
SPRINGDALE
Coalpits Wash
Huber Wash
Chinle Trail
Coal Pits Wash
North Fork Virgin River
PARUNUWEAP CANYON
East Fork Virgin River
Virgin River
Grafton (ville fantôme)
Rockville
Pipe Spring NM

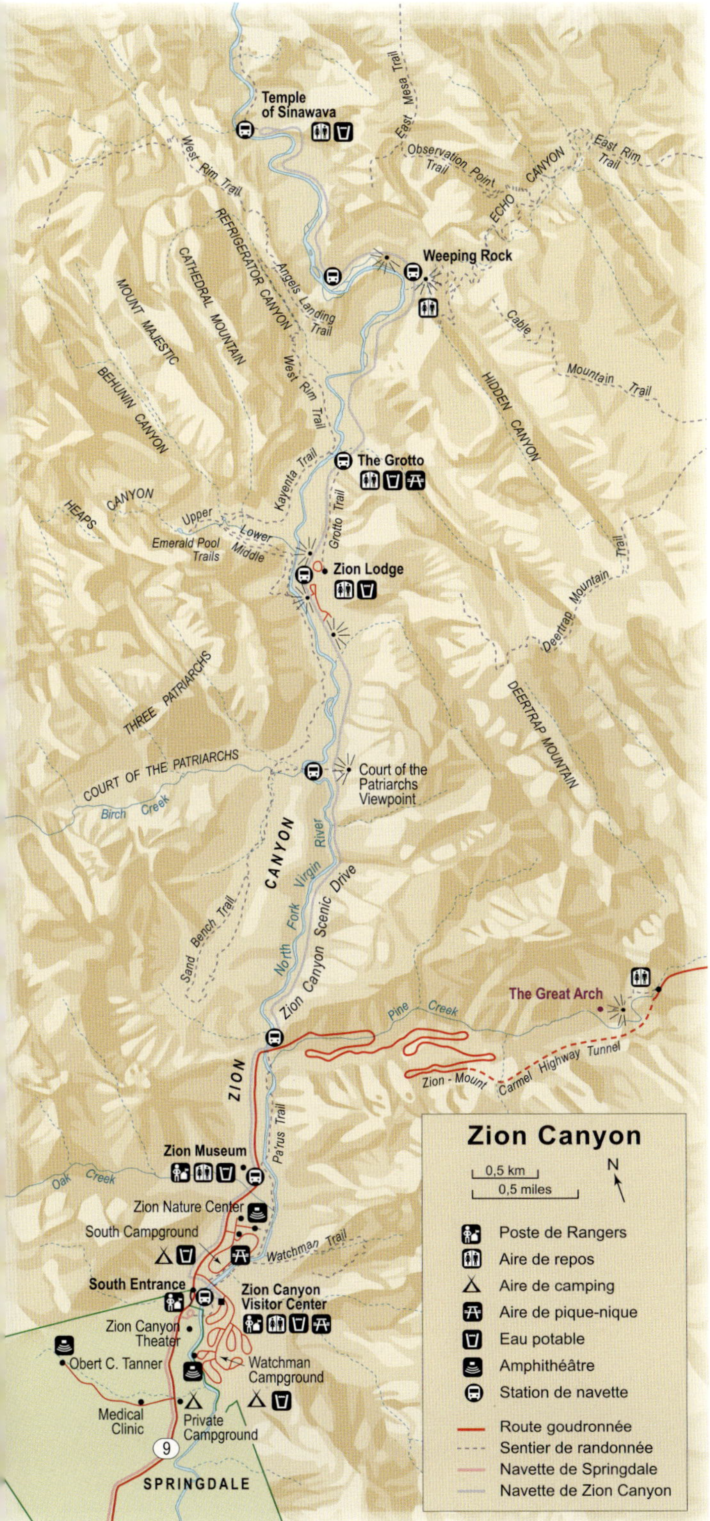

Page de gauche :

Dans sa cape sanguine,
The Watchman (la Sentinelle,
1995 m) monte la garde sur
l'entrée méridionale du parc.
C'est la forte concentration
d'oxyde de fer qui donne
aux falaises cette couleur
flamboyante qui se décline
au fil des heures.
Le canyon de Zion fut creusé
par la Virgin River,
un affluent du Colorado,
façonnant des parois qui frisent
les mille mètres.

Double page suivante :

Ce fronton minéral baptisé par
les mormons, West Temple
and Towers of the Virgin
(le Temple occidental et
les tours de la Vierge)
constitue le point culminant de
Zion National Park (2380 m).
Il est visible depuis la route
panoramique qui pourfend
le canyon vers le nord
et longe une autre splendide
formation rocheuse dite
du Great White Throne
(le Grand Trône blanc, 2056 m).

Inlassable, comme un ruban de papier de verre liquide, la Vir gin river érode jour après jour les anciennes couches rocheuse parfois ornées d'asters safranées.

Là, à l'ombre de conifères et de chênes, se cachent le Bassins d'Émeraude, vasques naturelles en pierres alimentée d'eaux cristallines par les cascades et ruisselets qui sourden des roches.

Ailleurs, se hisse jusqu'au ciel indigo une échelle céleste trait d'union avec le Ponton des Anges. Un chemin incrust dans la falaise qu'il sabre de ses zigzags vertigineux. Rencon trer les anges se mérite, il faut donc s'accrocher pour grimpe mais l'arrivée sur sa crête aiguë offre un panorama époustou flant sur tout le canyon qui s'étire à nos pieds, parsemé de peu pliers aux duvets cotonneux.

Et puis une plongée dans la démesure de Zion serai incomplète sans une exploration des Narrows... De superbe goulets formés par la rivière capricieuse. Parfois si étroits qu l'on s'agrippe de part et d'autre des parois du canyo immergé... L'eau jusqu'à la taille, on avance, émerveillé pa cette nature si prodigue, sous le regard fébrile des cerfs à grandes oreilles et goguenard des castors.

LE « GRAND STAIRCASE »

Dans le sud-ouest de l'Utah, le climat aride et la végéta tion éparse permettent d'exposer de grandes étendues d roches dénudées et révèlent l'histoire géologique du parc.

Les couches rocheuses ont été soulevées, inclinées puis érodées, donnant lieu à une formation rocheuse dite « Le Grand Staircase » – le Grand Escalier – une série de falaises colorées s'étirant entre Bryce Canyon et le Grand Canyon.

En résumé : la couche rocheuse inférieure de Bryce Canyon est en fait la couche supérieure de Zion et la couche inférieure de Zion, la couche supérieure du Grand Canyon.

Page de droite :

À l'instar de la chute du Weeping Rock, l'eau ne manque pas dans le parc de Zion, lacéré de rivières et de ruisseaux et agrémenté de nombreuses chutes et cascades, à découvrir au terme de splendides randonnées. Les sources et la Virgin River attirent de nombreux animaux, notamment coyotes, chats sauvages, cerfs, castors et martins-pêcheurs.

GÉOLOGIE DE ZION

Il y a 240 millions d'années, Zion était un bassin proche du niveau de la mer. Lorsque l'érosion détacha sables, graviers et boues des montagnes avoisinantes, les fleuves les déposèrent en couches dans le bassin qui s'affaissa sous leur poids.

Lorsque le terrain se souleva voici treize millions d'années, l'environnement alluvionnaire passa de mers peu profondes à des plaines côtières puis à un désert de sables balayés par les vents. Ce processus de sédimentation continua et résulta en une accumulation d'alluvions de plus de 3048 m.

LES FALAISES ROUGES

Les falaises en grès de Zion comptent parmi les plus haute du monde, avec des à-pic de près de mille mètres. Elles sor composées essentiellement de grès formé au jurassique dans u environnement semblable à celui du Sahara actuel, avec toute fois de plus fortes accumulations de sable. Au cours des année ces grandes dunes se sont trouvées enfouies sous d'autres sédi ments. La nappe souterraine porteuse d'oxyde de fer et de ca bonate de calcium s'est infiltrée dans le sable et l'a cimenté pou en faire de la pierre. C'est l'oxyde de fer (la rouille) qui donn aux falaises leurs colorations rouge et orange.

CIRCULER DANS LE PARC

Le parc peut se visiter en quelques heures mais il mérit que l'on s'y arrête au moins deux jours afin de profiter de se sentiers de balades.

Trois routes sillonnent le parc mais la plus intéressant (donc la plus fréquentée) est Zion-Mt Carmel Hwy ; elle fa entrer par le sud, longe la Virgin River et continue jusqu'au Zio Canyon via un tunnel si étroit que les véhicules de plus de 2,3 m de large ou 3,45 m de haut doivent être escortés. Le long d cette voie, vous pourrez admirer quelques sites incontournable comme West Temple (le point culminant de Zion à 2 380 m), l formation rocheuse surnommée Three Patriarchs (trois pics suc cessifs baptisés Abraham, Jacob et Isaac), the Great Whit Throne (le Grand trône blanc) qui pointe à plus de 700 m au dessus du canyon et le Temple de Sinawa. Ensuite, la rout grimpe vers de nouveaux belvédères qui surplombent des for mations géologiques différentes aux tonalités moins rouges.

BALADES ET RANDONNÉES

C'est encore à cheval ou à pied que le visiteur savourer le mieux ce parc où il faut prendre garde quand même au tarentules, scorpions et serpents.

- **Weeping Rock** (le Rocher qui pleure ; 30 mn aller retour) : une balade accessible à tous le long d'un sentier péda gogique sur la faune et la flore. Au bout, on découvre un alcôve rocheuse où s'écoule une petite chute d'eau.

- **Canyon Overlook** (environ 1 h aller-retour) : balad facile qui démarre de Zion Tunnel et débouche sur un belvé dère qui surplombe le magnifique canyon de Pine Creek.

- **Riverside Walk** (environ 2 h aller-retour) : une joli promenade que l'on peut aussi faire à cheval et qui longe l serpentine Virgin River jusqu'au début des Narrows.

- **Les Narrows** (Goulets, un parcours de 26 km dans l canyon) : les bons marcheurs pourront poursuivre la randon née dans les Narrows à condition d'être équipés pour crapa uter dans plus d'un mètre d'eau par endroit. Le passage dans es goulets est superbe. Attention ! Se renseigner auprès des Rangers pour connaître les conditions météo et éviter d'être pris au piège d'une crue subite.

- **Angels Landing** (le Ponton des Anges ; 4 h aller-retour) : c'est une des plus belles randonnées de Zion et la plus spectaculaire aussi pour qui ne souffre pas du vertige. Le chemin, qui démarre au Grotto Picnic Area, est difficile, très raide et sans ombre. Creusé dans la falaise, il longe des précipices de plus de 450 mètres mais la vue panoramique sur tout le canyon de Zion vaut bien tous les efforts.

- **Kolob Arch** (environ 9 h) : une randonnée difficile conseillée aux bons marcheurs. L'arrivée est récompensée par la découverte d'une arche naturelle de 94 mètres, une des plus grandes du monde.

- **West Rim Trail** (2 jours, 1 095 m de dénivelé)) : pour les marcheurs confirmés, cette randonnée à faire sur deux jours démarre au Grotto Picnic Area et longe des à-pic vertigineux pour grimper jusqu'au plateau forestier qui surplombe de façon impressionnante le canyon de Zion.

Activités : camping, escalade, randonnées à cheval, VTT, ski de randonnée
Adresse postale : Zion National Park, Springdale, UT 84767 ; Tél. : (801) 772-3256 ou 586-7686 ; Fax : (801) 586-3157

La petite ville de Springdale, au sud de Zion, très agréable, offre toutes les commodités pour ceux qui n'envisagent pas de camper. De nombreux bars et restaurants touristiques en bordent l'artère principale ainsi que des magasins de matériel et d'équipements pour les activités de plein air.

Page de gauche :

Les Narrows forment un canyon spectaculaire que les visiteurs peuvent explorer en marchant dans la rivière, voire, dans certains goulets, en nageant. Pour entreprendre cette randonnée, il est conseillé de s'équiper de façon adéquate… Il est possible de louer des cuissardes étanches auprès des guides locaux.

Ci-contre :

Les « chipmonks », une espèce de petits écureuils, forment un sympathique comité d'accueil.

Ce sentier escarpé conduit aux Emerald Pools (Les Bassins d'émeraude ; 1 h aller-retour). Il part du Zion Lodge et grimpe le long du canyon pour atteindre des vasques d'eau de couleur verte due aux algues et bactéries. Splendide vue sur les falaises.

Doubles pages suivantes :

Zion est un des seuls parcs à avoir "maquillé" sa route scénique sous un revêtement rouge afin de préserver le paysage. Autre excellente initiative : un service de navettes a été mis en place pour désengorger les routes, surchargées en été ; c'est pratique, reposant et parfait pour jouir au maximum du paysage.

Il y a trente-cinq millions d'années, le soulèvement de la croûte terrestre a brisé le plateau de Markagunt, constitué de nombreuses couches de grès et de schiste. Certains monts présentent des roches torsadées et nettement plus blanchâtres car plus riches en calcaire.

Glen Canyon National Park (Utah)

« Des parois sculptées, des arches royales, des gorges encaissées… Appelons-le Glen Canyon, l'Étroite vallée. » (John Wesley Powell)

Des eaux turquoise à la tiédeur tropicale. Des criques de sable blanc frangées d'énormes rochers écorchés aux teintes jaunes et roses. Le Lake Powell aux abords de Navajoland, vaste territoire tribal, est un artifice. Seule concession à l'Homme du grand ouest sauvage.

Situation : au sud-est de l'Utah
Superficie : 655 km² au centre du Glen Canyon ; 5 000 km² : Recreation Area.
Longueur de Lake Powell : 298 km ; 3 200 km de littoral
Altitude : 900 m à 2 340 m
Parc récréatif depuis 1972
Saison : très chaud entre juin et septembre (+ 40°C), neige en hiver, doux le reste de l'année (nuits fraîches en automne)

Lake Powell est, par sa taille, le deuxième lac artificiel des États-Unis, avec 3 200 km de littoral griffé de 96 canyons à découvrir au fil de l'eau.

À peine âgé d'une vingtaine d'année mais comme s'il gisait là depuis l'éternité, le Lake Powell se fond avec aisance dans l'espace marbré de Glen Canyon. Son exploration au fil de l'eau promet mille surprises.

À commencer par Rainbow Bridge, un pont naturel en grès rosé, un site sacré pour les Indiens Navajos. Puis la découverte d'une centaine de mini canyons qui s'enchevêtrent et narguent les navigateurs d'un jour, complètement déboussolés dans ce superbe labyrinthe liquide survolé d'arcs et passerelles en grès navajo poli par le vent…

ANTELOPE CANYON, DRAPERIES MINÉRALES

À quelques encablures de la paisible baie de Wahweap, à l'ouest du

Il faut s'éloigner de la petite ville de Page (réputée pour son avenue de la Piété, frangée d'une douzaine d'églises et chapelles) pour s'immerger dans la solitude marine des anses et canyons secrets de Lake Powell.

lac, on regagne la terre ferme pour s'aventurer après une brève marche, dans un des plus secrets joyaux de Navajoland : Antelope Canyon.

Une draperie de roches roses qui s'enroulent vers l'azur. Des vagues de grès qui s'entortillent d'ombre et de lumière. Une courte incursion dans un défilé de haute couture brodée par Dame Nature .

RAINBOW BRIDGE NATIONAL MONUMENT

Aux confins de la partie orientale du Lake Powell se dresse Rainbow Bridge, un des ponts naturels les plus achevés que la nature ait créé (83 m de portée sur 87 m de haut).

On approche cette curiosité géologique en bateau essentiellement. Les marcheurs pourront entreprendre sa découverte par deux longs chemins de randonnée, à condition de retirer auprès des autorités navajos un permis obligatoire. L'accès au site, sacré pour les Indiens, est en effet extrêmement contrôlé par la tribu qui l'appelle « Arc-en-ciel de pierre ».

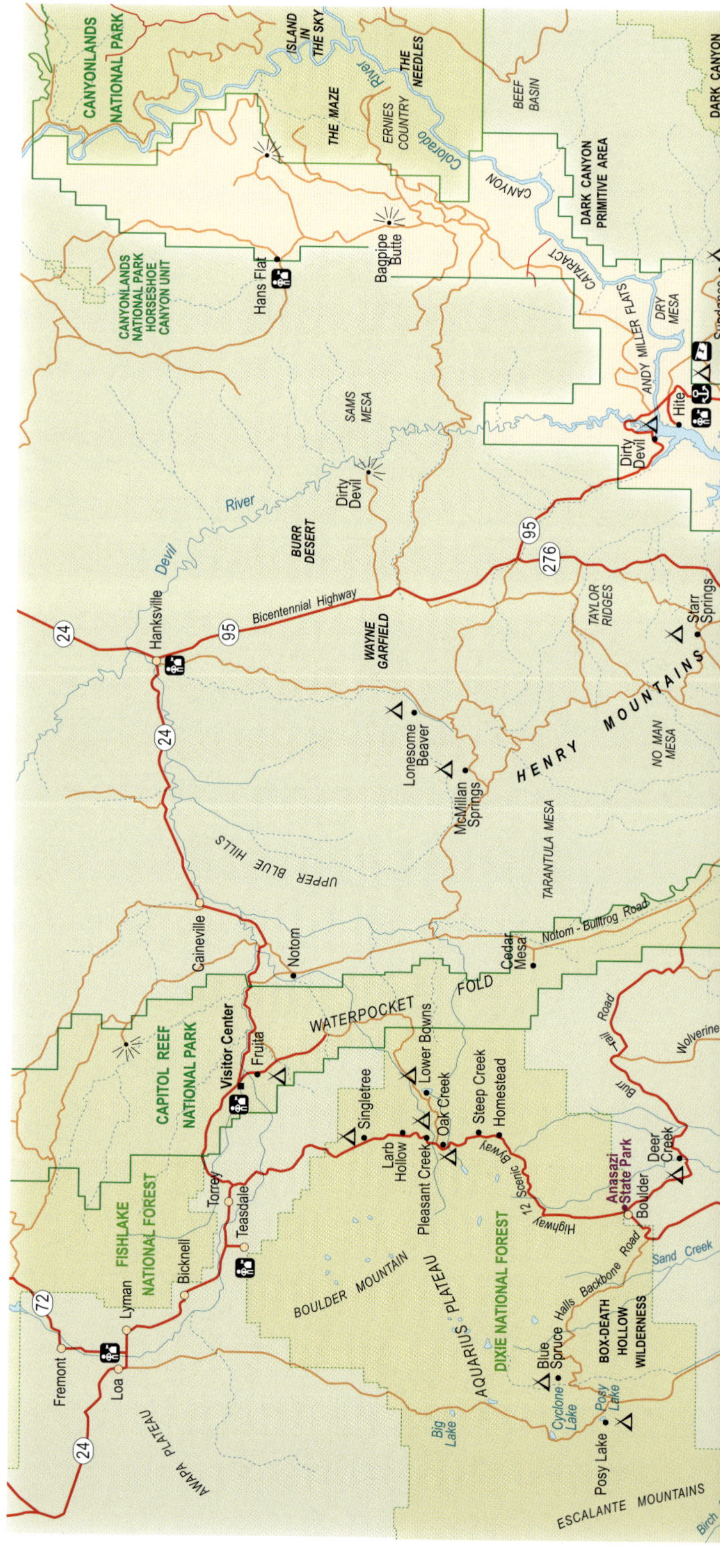

Double page suivante :

Le Lake Powell, long de 298 km pour une profondeur maximale de 170 mètres, constitue une destination délicieuse après des semaines passées parmi les merveilles minérales mais étouffantes des déserts de l'Ouest.

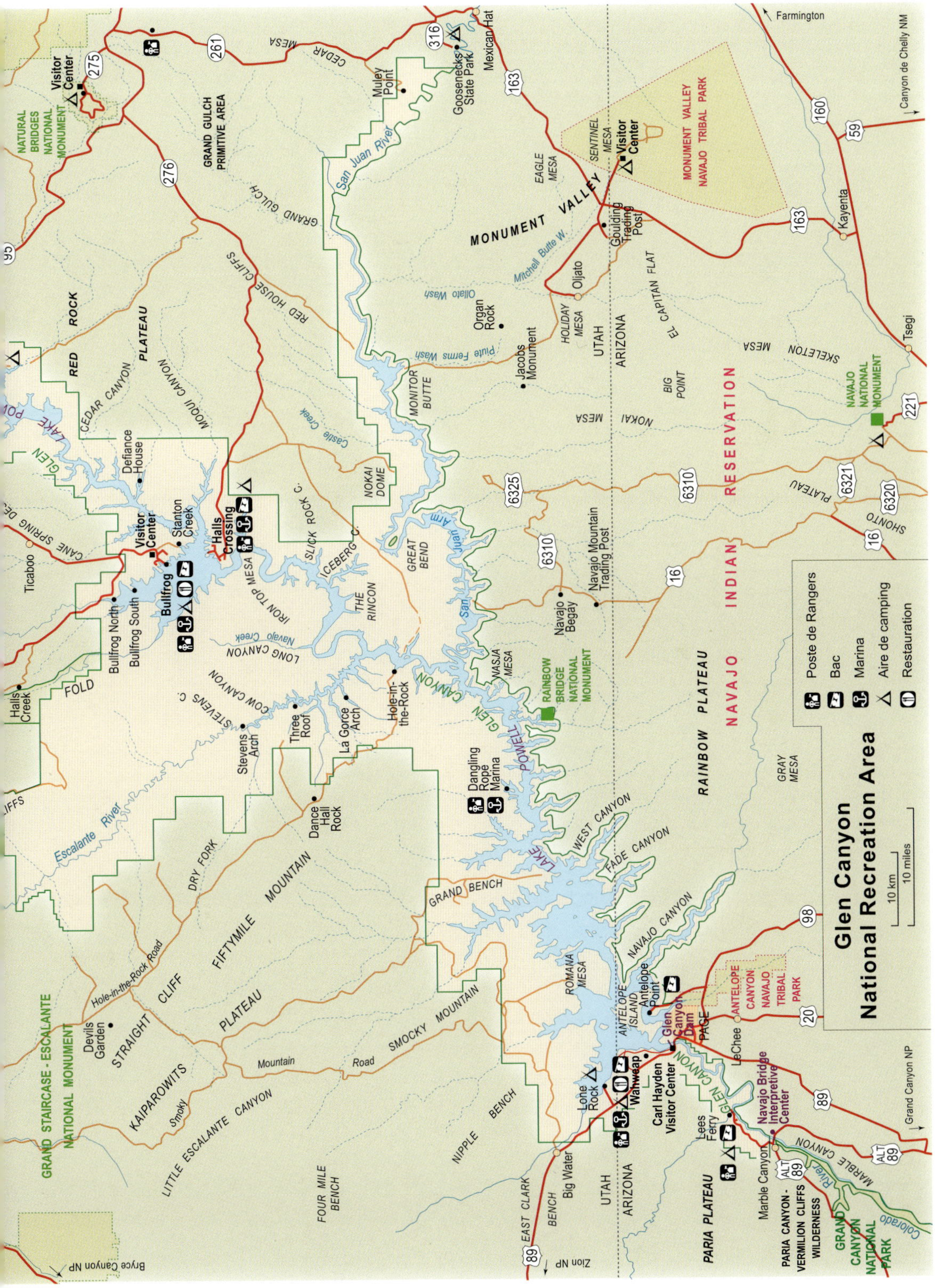
Glen Canyon
National Recreation Area
Poste de Rangers
Bac
Marina
Aire de camping
Restauration
10 km
10 miles
LAKE POWELL
GLEN CANYON
San Juan River
Escalante River
Colorado River
Bullfrog
Bullfrog North
Bullfrog South
Halls Crossing
Visitor Center
Stanton Creek
Defiance House
Ticaboo
Halls Creek
Dangling Rope Marina
Rainbow Bridge National Monument
Hole-in-the-Rock
Dance Hall Rock
Wahweap
Lone Rock
Carl Hayden Visitor Center
Glen Canyon Dam
Page
Antelope Point
Antelope Island
LeChee
Lees Ferry
Navajo Bridge Interpretive Center
Marble Canyon
Big Water
Antelope Canyon Navajo Tribal Park
Monument Valley
Monument Valley Navajo Tribal Park
Goulding Trading Post
Oljato
Kayenta
Tsegi
Navajo National Monument
Navajo Mountain Trading Post
Navajo Begay
Goosenecks State Park
Mexican Hat
Muley Point
Natural Bridges National Monument
Grand Gulch Primitive Area
Navajo Indian Reservation
Rainbow Plateau
Paria Plateau
Paria Canyon - Vermilion Cliffs Wilderness
Grand Canyon National Park
Grand Staircase - Escalante National Monument
Kaiparowits Plateau
Fiftymile Mountain
Straight Cliff
Devils Garden
Hole-in-the-Rock Road
Smoky Mountain Road
Utah
Arizona
Farmington
Canyon de Chelly NM
Grand Canyon NP
Zion NP
Bryce Canyon NP

DU COLORADO AU LAKE POWELL

Il y a plus de 10 millions d'années, des forces venues du ond de la terre soulevèrent la croûte terrestre. Le fleuve Coloado continua à se frayer un chemin au milieu de ce chaos avant le se jeter dans le golfe du Mexique. Puis le lit des ruisseaux 'élargit et les terres furent emportées par les eaux, modelant le aysage actuel en un labyrinthe de canyons, de plateaux et de itons. Après des millions d'années de liberté, le Colorado changea en 1956, date de la construction du barrage de Glen Canyon qui s'acheva en 1966. En 1980, le Lake Powell fut rempli.

NAVIGUER SUR LE LAKE POWELL

La baie de Wahweap abrite la plus grande marina du lac, celle où l'on peut louer canots, houseboats ou embarquer sur un erry pour une visite des canyons. Pour la location des petits ateaux à moteur aucun permis n'est exigé. Si le temps et les moyens le permettent, c'est vraiment la plus belle manière de découvrir les arcanes du Lake Powell, de s'insinuer dans des gorges étroites qui débouchent sur des criques paradisiaques flanquées de petites plages propices à la baignade. Le bateau permet en outre d'atteindre Rainbow Bridge, une merveille des lieux.

Activités : excursions en bateau, canoë-kayak, ski nautique, planche à voile, natation, pêche, varappe.
Adresse postale : Glen Canyon National Recreation Area, P.O Box 1507, Page, AZ 86040 ; Tél. : (602) 645-2471 ou 278-8888

Page de gauche :

Antelope Canyon, magnifique entaille de deux cents mètres de long et deux de large, creusée dans un plateau de grès rouge (Navajo Sandstone). Les quelques puits de lumière jouent sur les changements de couleur des parois, illuminées quand le soleil est à son zénith.

Ci-contre et doubles pages suivantes : Antelope Canyon.

Glen Canyon est un désert « froid », marqué par l'altitude et des hivers parfois enneigés. Ses variations de température et le redoux du printemps érodent le grès navajo en créant des merveilles qui se dévoilent aux promeneurs. Des canyons effilés se cachent dans les confins du Lake Powell, également orné d'arches splendides sculptées par les eaux, telles que Stevens Arch, Coyote Bridge ou La Gorce Arch.

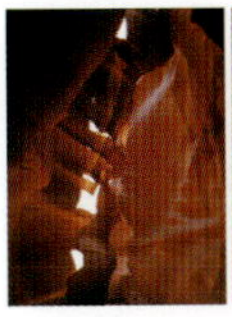

Doubles pages suivantes :

La terre engloutie dans les eaux du lac appartenait aux Navajos, qui l'échangèrent contre un territoire au sud de l'Utah (Navajoland). Aujourd'hui, les eaux turquoise dans leur écrin de falaises rouges attirent plus de 3,5 millions de visiteurs.

Balayages magiques des lumières sur les falaises qui, à l'aube, passent du violet au jaune paille, du rose pâle au rouge sang pour entreprendre le soir une course inversée.

Dans Glen Canyon poussent des plantes typiques du désert telles que cactus, yuccas, sauge, primevère du soir, lis des sables et lupins. La faune abonde avec quelque 200 espèces d'oiseaux et des prédateurs comme les coyotes, renards et aigles.

La marina de Wahweap constitue le point de départ idéal pour l'exploration du lac, pour louer un bateau ou trouver un hébergement en lodge, hôtel ou camping.

Naviguer dans les canyons peut s'avérer délicat dans certains défilés à peine plus larges que les bateaux. Pour éviter de se perdre, les marins d'un jour peuvent utiliser Navajo Mountain (3 170 m) comme amer.

Page de gauche :

Au printemps et en automne, les criques calfeutrées du Lake Powell sont empreintes d'une tranquille sérénité. Le tableau change en plein été avec l'affluence de dizaines de milliers de canoteurs qui sillonnent le lac dans un vacarme infernal.

Parcs de l'État de l'ARIZONA

Surnoms : Grand Canyon State, Apache State, Copper State (État du cuivre)
Superficie : 293 990 km² (6e État par sa taille)
Population : env 4 millions d'hab
Capitale : Phoenix (984 000 hab)
Entrée dans l'Union : 4 février 1912 (48e État)
Parcs nationaux : Grand Canyon NP ; Monument Valley Navajo Tribal Park, Canyon de Chelly National Monument

Ni les espaces poignants du Grand Canyon ni les orages d'été, ne trouvent d'écho à notre échelle européenne. Ici, en Arizona, tout est démesure. Forces admirables d'une nature imprévisible, où beauté peut rimer avec danger (Cliché : M. Chrétien).

Grand Canyon National Park (Arizona)

« Une mine de fossiles..
les tomes d'une immense bibliothèque géologique. » (John Muir

Le Grand Canyon ? Une fenêtre sur l'Éternité. Un véritable séisme émotionnel s'empare du voyageur qui s'approche pour la première fois au bord de la rive du monde. C'est à peine si l'on ose plonger le regard dans l'abîme des précipices dont le fond se dérobe. Le site est dramatique et bouleversant. Les panoramas défient l'imagination.

Superficie : 4 860 km²
Situation : au nord de l'Arizona
Altitudes : versant sud : 2 100 m ; versant nord : 2 400 m
Parc national depuis 1919
Saison : hivers enneigés, routes de North Rim fermées jusqu'en mai ; étés chauds (caniculaires au fond du canyon, + 40 °C) ; automnes très frais avec risques de chutes de neige dès fin octobre.

La seule façon d'atteindre le fond du canyon est de marcher ou de chevaucher des mules, utilisées pour ravitailler le refuge de Phantom Ranch bâti sur les rives du fleuve Colorado.

UN PARCHEMIN RELATANT QUATRE ÈRES GÉOLOGIQUES

Une démesure de vides et de roches aux couleurs cha toyantes. Glissades de falaises fauves. Soubresauts de corniche vermillon. Parois roses. Alcôves vertes. Gorges violettes. Striure bigarrées... Magique télescopag des ombres et des lumières.

Un espace intimidant où le repères s'effacent, où le bas et l haut se confondent. Où des flot tilles de navires de pierre planen dans l'éther comme les couples d condors qui tourbillonnent sur le courants invisibles.

S'enfoncer dans cette sublim entaille - une des sept merveille naturelles du monde - c'est déchif frer un parchemin relatant quatr ères géologiques... Étourdissant.

DESCENTE PAR SOUTH KAIBAB TRAIL

Yaki Point. Point de départ du sentier de randonnée de South Kaibab. Une porte d'entrée pour s'immerger dans l'explosion cambrienne de la vie. La pente est raide, les virages heurtés, le terrain traître et l'aube glacée. Le sel de l'évasion sous la rive pour se tremper dans le Colorado, là, tout en bas, à onze kilomètres de la corniche. Les heures s'égrènent, le paysage se modifie à l'allure de notre marche vigilante.

650 km de sentiers de randonnée, Grand Canyon est le paradis des bons marcheurs, qui y font de l'alpinisme inversé : il faut descendre un dénivelé de 1 400 m avant de remonter, quand les muscles sont perclus de fatigue. À éviter l'été car les températures peuvent dépasser 45 °C à l'ombre, or il n'y en a guère.

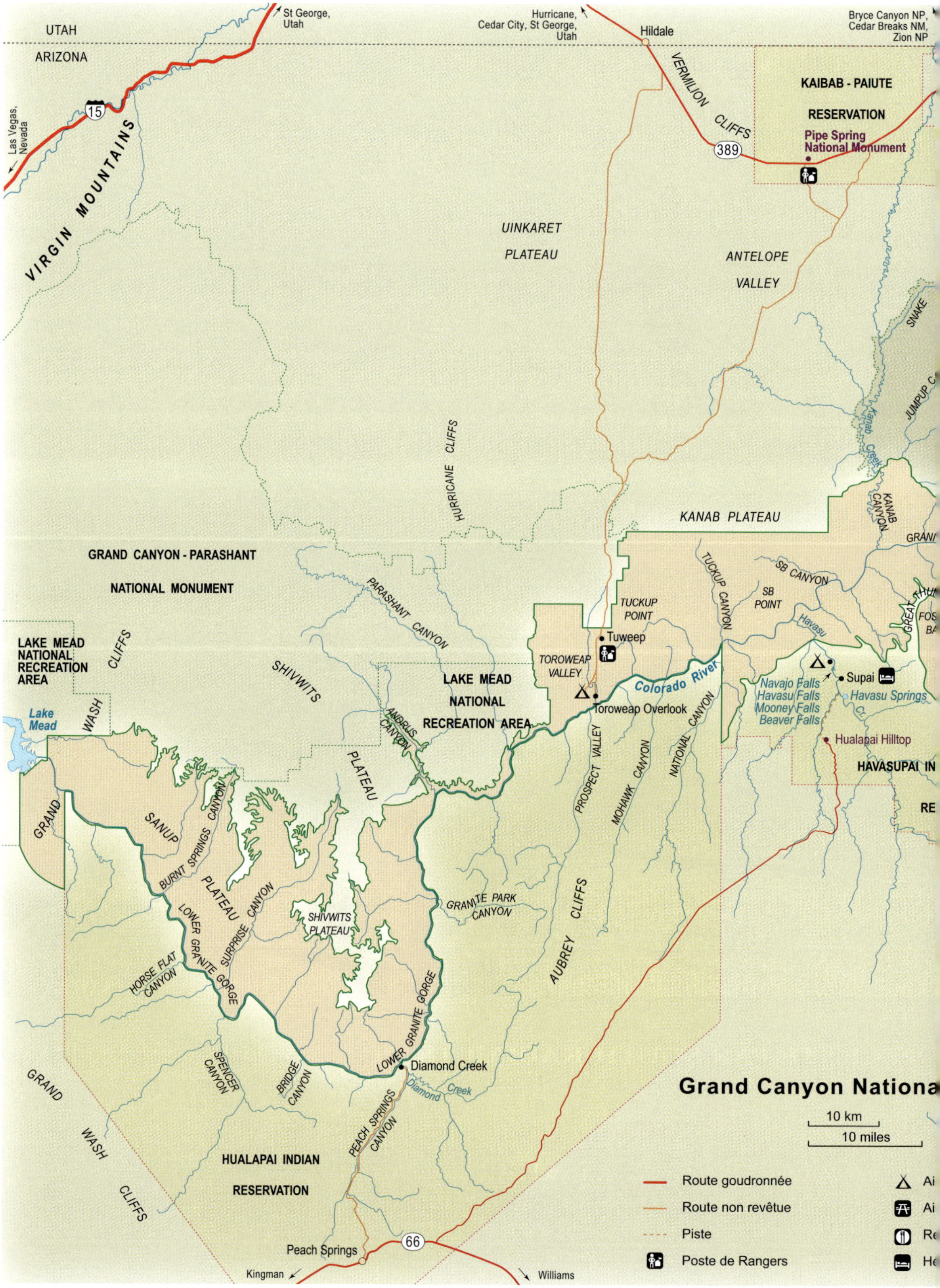
UTAH
ARIZONA
St George, Utah
Hurricane, Cedar City, St George, Utah
Hildale
Bryce Canyon NP, Cedar Breaks NM, Zion NP
Las Vegas, Nevada
15
VIRGIN MOUNTAINS
VERMILION CLIFFS
389
KAIBAB - PAIUTE RESERVATION
Pipe Spring National Monument
UINKARET PLATEAU
ANTELOPE VALLEY
SNAKE
JUMPUP C
Kanab Creek
HURRICANE CLIFFS
KANAB CANYON
KANAB PLATEAU
GRAND CANYON - PARASHANT NATIONAL MONUMENT
PARASHANT CANYON
TUCKUP CANYON
SB CANYON
SB POINT
TUCKUP POINT
Tuweep
Havasu
LAKE MEAD NATIONAL RECREATION AREA
CLIFFS
SHIVWITS
TOROWEAP VALLEY
Colorado River
Supai
Navajo Falls
Havasu Falls
Mooney Falls
Beaver Falls
Havasu Springs
Toroweap Overlook
Lake Mead
WASH
ANDRUS CANYON
PLATEAU
Hualapai Hilltop
HAVASUPAI IN
RE
PROSPECT VALLEY
MOHAWK CANYON
NATIONAL CANYON
GRAND
SANUP PLATEAU
BURNT SPRINGS CANYON
GRANITE PARK CANYON
SHIVWITS PLATEAU
AUBREY CLIFFS
LOWER GRANITE GORGE
SURPRISE CANYON
HORSE FLAT CANYON
Diamond Creek
Diamond Creek
GRAND WASH CLIFFS
SPENCER CANYON
BRIDGE CANYON
PEACH SPRINGS CANYON
HUALAPAI INDIAN RESERVATION
Grand Canyon Nationa
10 km
10 miles
Route goudronnée
Route non revêtue
Piste
Poste de Rangers
Peach Springs
66
Kingman
Williams

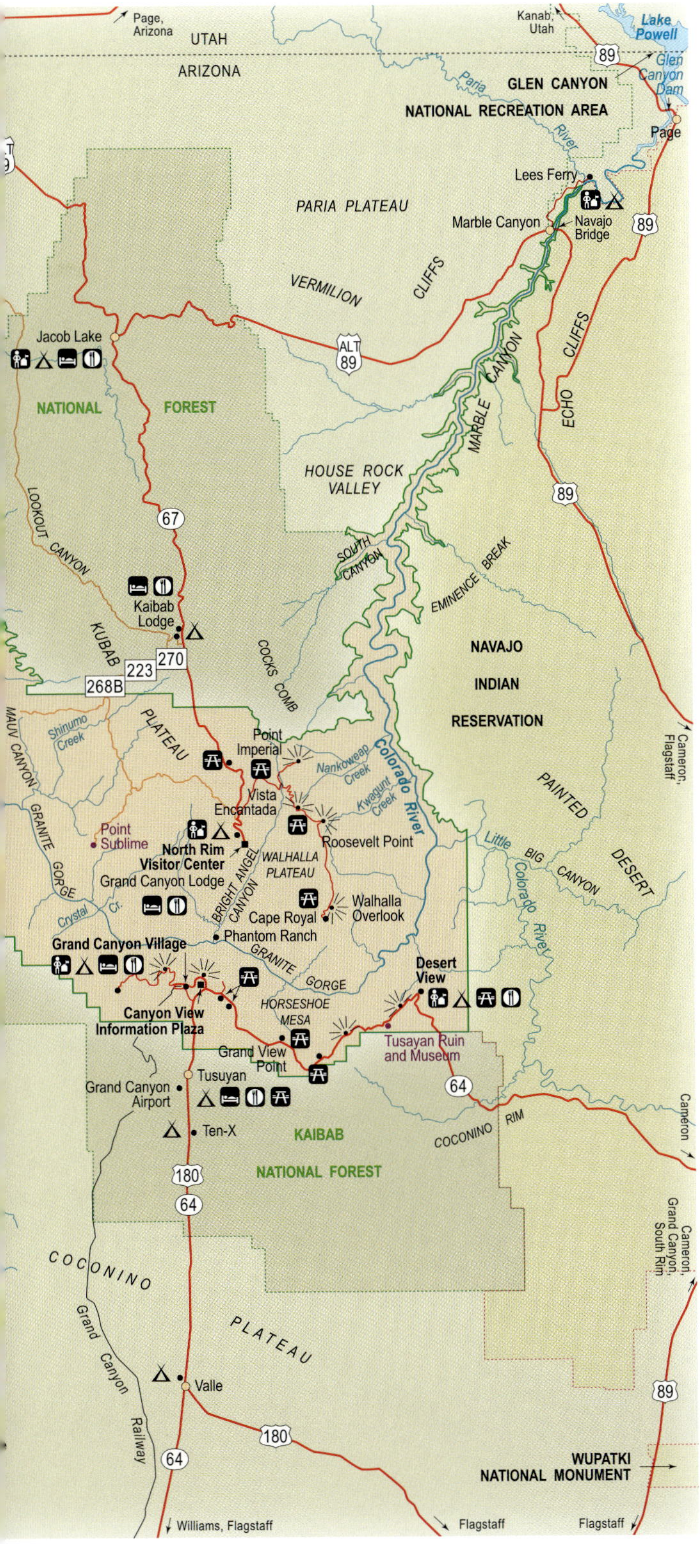

Double page suivante :

Les couleurs des roches permettent de comprendre la formation du Grand Canyon, depuis le précambrien jusqu'à l'ère tertiaire : la couche supérieure est constituée de calcaire marin gris-blanc sous lequel se superposent de nombreuses strates alternant grès rouge et blanc, calcaire rouge et gris et schistes argileux rouge et vert. Plus profondément dans la gorge, les roches sont en gneiss dur et brun et en granit rouge. À chaque strate, de nombreux fossiles font état d'une riche faune et flore.

Le soleil, déjà installé, boursoufle les rochers. L'ombre est inexistante. La progression frise l'irréel. Enfin, une longue passerelle de fer enjambe le ruban bleu-vert du fleuve. Des criques sableuses, quelques palmiers et des cactus tranchent avec l'aridité minérale qui déboule depuis le sommet que l'on ne voit plus. La nuit dans l'oasis de Phantom Ranch scintille d'étoiles et vibre des bruits de la vie qui bouillonne le long du majestueux Colorado.

RETOUR PAR BRIGHT ANGEL TRAIL

Nouvelle aube, nouveau défi. Remonter sur le plateau du Grand Canyon par le sentier de Bright Angel de près de 17 km avec, imprimés dans la chair, les souvenirs de la descente...

Dans le faisceau des lampes frontales, la marche se réduit, la pensée se libère. Une inoubliable journée s'annonce dans l'ébullition du Grand Canyon. Cette voie s'avère moins hostile. La faune et la flore se dévoilent au gré des lacets puis jaillissent dans l'oasis suspendue d'Indian Gardens où ruisseaux et daims caracolent. Chaque halte est un prétexte pour s'inonder les yeux des merveilles des lieux. Le sommet se montre enfin. Si près et pourtant si loin... encore des heures à sinuer dans les parois abruptes criblées par les rayons du soleil. Le barda pèse sur les épaules endolories mais quand le pied se pose sur l'ultime terrasse en surplomb, le bonheur nous submerge car ces deux jours d'aventure dépouillée ont soulevé quelques-uns des plus beaux mystères d'un Grand Canyon si convoité.

UN PARC VICTIME DE SON SUCCÈS

Si cela est possible, évitez tout voyage en été, la foule est telle qu'il devient quasiment impossible d'admirer le site, surtout du côté de South Rim, le versant sud, pris d'assaut par les autocars et les groupes. Aux levers et couchers du soleil, les belvédères panoramiques ressemblent à la station de métro Opéra à Paris aux heures de pointe...

North Rim, plus difficile d'accès, plus sauvage aussi, attire déjà un peu moins de monde. Depuis des années, les autorités envisagent d'établir des quotas touristiques mais les perspectives financières freinent cette louable ambition réclamée haut et fort par les associations écologiques.

650 KM DE SENTIERS DE RANDONNÉE

Les sentiers qui partent de North Rim sont marqués par de plus importants dénivelés et sont un peu plus ardus (22,8 km).

Les plus belles randonnées à faire au départ de South Rim suivent South Kaibab Trail (départ de Yaki Point) ou Bright Angel Trail (départ du lodge éponyme). Dans les deux cas, l'aventure sous la rime restera un grand souvenir de votre voyage dans l'ouest américain.

Page de gauche

Du fait des importantes différences d'altitude, cinq des sept grandes zones climatiques se retrouvent le long de la faille avec des biotopes bien spécifiques : cactées du désert dans la gorge puis climat subtropical entre 600 et 1 000 m ; environnement plus sec et chaud entre 1 200 et 2 100 m, où poussent pins pignons, chênes, acajous et genévriers ; climat plus tempéré au-dessus, avec bosquets de pins Ponderosa ; puis, vers 2 500 m, climat de type canadien avec forêts de sapins et de trembles.

Une kyrielle de balcons offrent des vues spectaculaires. Mais c'est depuis le vertigineux Mather Point, du nom d'un des fondateurs du parc, que le regard plonge dans l'échancrure bigarrée des falaises pour se river sur une minuscule langue d'eau verte. En fait, le Colorado… si loin du sommet, que le fleuve paraît ruisseau.

Un conseil pour ceux qui veulent passer la nuit au camp de Phantom Ranch sur les berges du Colorado : descendez par South Kaibab Trail (11 km, env 4-5 h) et remontez par Bright Angel Trail (17 km, env 8-10 h). Cela permet d'admirer deux régions du Grand Canyon bien sûr, mais cette option, quoique plus longue, s'avère finalement la moins fatigante. Il faut savoir qu'il n'existe aucun point d'eau le long de South Kaibab Trail, donc il faut prévoir suffisamment de provisions (au moins 4 litres par personne). Par ailleurs, la descente est très raide et peu adaptée aux personnes non préparées. Le dénivelé de 1 400 m semble aisé à l'aller mais il faut penser à le remonter ! Sur la piste de Bright Angel les marcheurs pourront se ravitailler à Indian Gardens, une oasis à 7 h de marche du sommet.

Quelle que soit l'option choisie, une randonnée au fond du Grand Canyon demande un important effort physique, surtout en été où le thermomètre dépasse allègrement les 45 °C. Ceux qui ne veulent pas se charger d'une tente trouveront à Phantom Ranch des gîtes et bungalows à réserver très longtemps à l'avance en même temps que le permis de grande randonnée.

Doubles pages suivantes :

Les couches les plus anciennes remontent au précambrien (environ deux milliards d'années) ; après un demi-milliard d'années, l'érosion a usé les montagnes, créant une vaste plaine envahie par l'océan. La boue, le sable et le calcaire se sont accumulés pendant 300 millions d'années, formant une couche épaisse de 3,6 km.

Il y a environ 900 millions d'années, ces sédiments ont été soulevés, découpés par l'érosion puis basculés pour créer des montagnes et vallées intermédiaires. Encore trois cents autres millions d'années, l'érosion a éclaté les roches et forgé petites collines et larges vallées.

DESCENTE EN EAUX VIVES

Dans les années 1960, une quarantaine d'aventuriers avaient descendu les flots du Colorado. On dénombre aujourd'hui près de huit cents départs quotidien de rafts bondés depuis Lees Ferry, point de départ des excursions… Là encore, le Grand Canyon souffre de son succès. La balade de deux à quatre jours sur le fleuve reste magique quand on l'entreprend en dehors des pics touristiques. De même que les bivouacs à la belle étoile autour de feux de camps animés par les guides indiens.

Activités : camping, randonnées à dos de mule, pêche, rafting, ski de fond
Adresse postale : Grand Canyon National Park, P.O Box 129, Grand Canyon, AZ 86023.
Tél. : (602) 638-7888 ou 638-2401 ; Fax : (602) 638-9247

Doubles pages suivantes :

Pour ceux qui ne peuvent pas descendre à pied, des balades à dos de mule sont prévues dans le ventre du Grand Canyon. Âmes sensibles s'abstenir car les bêtes doivent franchir des passages extrêmement raides.

Depuis quelques années plusieurs couples de condors ont été réintroduits dans le parc. Ils s'y partagent l'éther avec les grands aigles, les faucons pèlerins et les grands-ducs.

Après plus d'une demi-journée de descente, les randonneurs savent que l'arrivée au campement de Phantom Ranch est proche quand ils franchissent la passerelle de fer qui enjambe les flots impétueux du Colorado.

Ci-contre : un splendide sentier traverse la corniche centrale et longe les vides du Grand Canyon. De nombreux belvédères permettent de contempler le site, dont on ne voit jamais la fin. Une des meilleures haltes se situe à Yavapaï Viewpoint, d'où le point de vue est vertigineux.

Page de gauche :

Les chiffres de la démesure : le Grand Canyon serpente sur 446 km avec une profondeur moyenne de 1,6 km et une largeur variable, de 1,5 km à 30 km... Un tiers de l'histoire géologique de notre planète y est exposé.

Ci-contre : plus de 1 500 spécimens de plantes s'épanouissent dans le Grand Canyon, dont les yuccas et agaves qu'utilisaient les Indiens pour fabriquer des tissus, du savon et améliorer leur repas.

Page de gauche :

Les orages illuminent le Grand Canyon. Les moussons d'été le lavent et lui donnent vie. Plus on se rapproche du fleuve, plus les températures grimpent, de deux degrés environ par 300 mètres de dénivelé.
(Cliché : Michel Chrétien)

Doubles pages suivantes :

Marble Canyon, à 160 km de Bright Angel Point, offre de superbes parois rouges hautes de 900 m, qui surplombent un Colorado couleur émeraude. De ses environs partent les excursions en rafting.

Vermilion Cliffs National Monument, un hameau fantôme perdu au milieu de nulle part, aux confins du Colorado...

Monument Valley Navajo Tribal Park (Arizona-Utah)

« L'Est donnait paix et lumière ; le Sud la chaleur ; l'Ouest donnait la pluie
Et le Nord, avec son vent froid et violent, donnait force et endurance. »
(Black Elk)

Le ruban d'asphalte noir gondole jusqu'à l'horizon lointain et vaporeux. Tout autour, une steppe infinie d'argile vermillon, de rocailles acérées et d'arbustes étiolés. Soudain, surgit un hallucinant chapelet de monolithes, tables et buttes sauvages dressés contre le ciel d'un bleu pur. Ce décor en trompe-l'œil, en plein cœur du territoire navajo, c'est la mythique Monument Valley, figure la plus emblématique du Far West.

Superficie : 120 km²
Situation : au sud-est de l'Utah et nord-est de l'Arizona
Altitude : plus de 1 600 m
Parc tribal depuis 1958, à la charge des Indiens Navajos
Saison : été caniculaire et bondé ; hivers froids et enneigés

La piste de Valley Drive sillonne cette « plaine des colosses » et permet d'aborder les sites les plus spectaculaires, notamment ceux immortalisés par John Ford dans La Chevauchée fantastique (Stagecoach).

L'aube et le crépuscule donnent toute leur mesure à cette plaine des colosses dont la vue coupe le souffle. La lumière y orchestre une magnifique chorégraphie. L'aurore anime lentement les roches avant d'offrir en apothéose un véritable incendie minéral.

À la brune, un nouveau ballet se contemple. Celui des mesas qui, sous les derniers faisceaux du soleil, s'habillent tour à tour de drapés roses puis rouges avant de s'envelopper dans une toge violette qui s'évapore rapidement sous un voile noir… Les feux s'éteignent d'un coup, le spectacle s'achève mais reprendra dès l'aube.

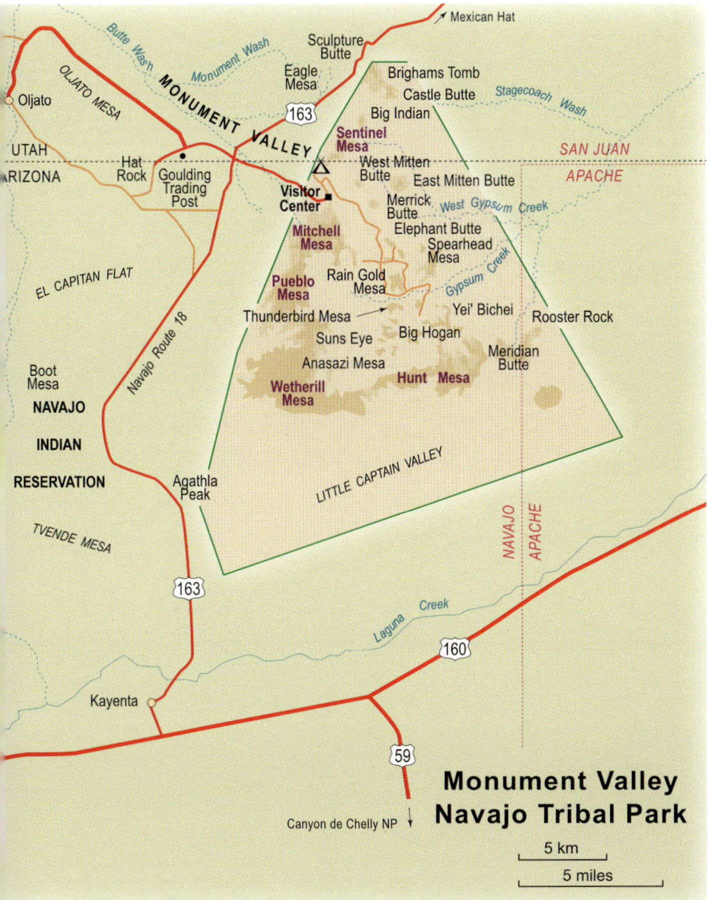

Dans cette immensité plane piquetée d'étranges fortins de ›ierre, les formations exhibent, dans une allégorie géologique, eurs singuliers visages… Là, une mesa accolée d'une haute heminée de grès devient au regard une gigantesque manique Mitten Rock) et sa voisine évoque une antique cafetière de ow-boy… Plus loin, trois pitons élancés prennent vie et l'on alue les Three Sisters vénérées des Navajos.

En contrebas se détachent de bien réels hogans, leurs naisonnettes coniques en boue séchée et troncs de bois, tou-›urs ouvertes sur l'orient, berceau de la lumière et de la plé-itude. Autour d'elles s'égaillent des moutons indolents en uête de rares brins d'herbe.

Une déambulation à cheval au sein de ce site inouï fait lécouvrir bien d'autres sculptures du Temps. Comme ces rches graciles baptisées Pleine Lune ou Lune de Miel, fenêtres ur le grand univers si l'on en croit la sagesse des chamanes.

La pensée vagabonde, juste bercée par le pas des che-'aux pie et le frôlement du vent chaud.

Double page suivante :

En se retirant voici plus de 250 millions d'années, la mer a laissé place aux formations rocheuses de grès rouges dont la palette de couleurs varie au fil du jour. Il y a environ 35 millions d'années, l'activité volcanique a laissé de gigantesques dépôts de lave qui se sont peu à peu érodés, créant les mesas, les plateaux que l'on admire ici.

De nouvelles compositions des plus baroques se précient au fur et à mesure que l'on s'en approche. Leurs surnoms indiens déclinent toute l'éloquence de leurs formes : la Diligence, le Roi sur son trône, l'Ours et le Lièvre… des montagnes de grès aux titres de fables mais qui acclament l'œuvre sans cesse renouvelée d'une nature inspirée.

GÉOLOGIE DE MONUMENT VALLEY

Monument Valley est née il y a près de 70 millions d'années. Alors qu'un bras du golfe du Mexique recouvrait la région, le soulèvement des Rocheuses en refoula les eaux, découvrant cette vaste plaine schisteuse criblée de failles et située à plus de 1 600 m d'altitude.

Le plissement de l'écorce terrestre et l'érosion ont créé le paysage actuel, forgeant les impressionnantes buttes et mesas pouvant atteindre 600 m de haut.

Page de gauche :

À Monument Valley, le dépaysement est total, le décor ultra-minéral quoique piqueté d'arbustes de baies sauvages dont les Indiens se nourrissaient. Au départ de la ville de Kayenta, des excursions en 4 x 4 sont proposées par des agences navajos, et, depuis Moab, des survols en avion.

La tribu navajo est arrivée du grand nord canadien seulement au XVe siècle pour s'installer dans le sud-ouest des États-Unis. Ils doivent aux colons et missionnaires espagnols l'utilisation des chevaux, l'élevage des moutons et la technique du tissage (vêtements, couvertures…). Les motifs géométriques racontent l'histoire de la tribu et les couleurs vives ajoutent au symbolisme.

VISITER MONUMENT VALLEY

Vous n'entrez pas dans un parc national mais dans un ter ritoire totalement géré par les Indiens Navajos qui préserven ce site sacré pour eux. Il faut donc se plier à leurs codes en évitant de photographier certains lieux, notamment leur hogans ou les Indiens eux-mêmes sans leur consentement.

L'idéal est de passer la nuit sur le site pour contempler le jeux de lumière sur les formations rocheuses et assister au cou cher de soleil sur les Mitten Buttes. Plusieurs lodges existen mais le meilleur endroit demeure le camping géré par le Indiens, situé sur la frange du plateau, jouissant ainsi de la vu la plus époustouflante sur la plaine. Au Visitor Center (aux baie panoramiques) vous obtiendrez quelques informations notam ment sur le rôle des Navajos mobilisés pendant la Second Guerre mondiale pour crypter les messages de l'armée améri caine, la langue navajo, très complexe, étant « incassable » pa

'ennemi. Quelques agences indiennes organisent de magni-
'iques chevauchées dans Monument Valley, à faire absolument !

En voiture, une piste de trente kilomètres environ serpente a vallée et permet d'y admirer quelques belles formations géo-ogiques parmi lesquelles les mesas de Sentinel Mesa, Mitchell Mesa, Rain God Mesa mais aussi les célèbres buttes (Mitten) et es aiguilles rocheuses comme les Three Sisters ou Totem Pole.

NAVAJOLAND

La réserve navajo, qui abrite Monument Valley et le Canyon de Chelly, est la plus vaste des États-Unis, avec une superficie équivalente à la Suisse. Ce territoire baptisé Navajo-land est aussi surnommé le « 51e État fédéré » des États-Unis. Située dans la partie nord de l'Arizona et débordant sur l'Utah et le Nouveau-Mexique, cette réserve est la terre d'environ la moitié des 300 000 membres de la nation navajo.

Ci-contre : la squaw prend la pose... Les Navajos, réputés pour leur sens des affaires, ne refusent plus de se faire mitrailler par les Blancs... à condition que les armes soient des appareils photos et que le troc se conclue en billets verts...

Double page suivante :

Depuis le Mitten View Campground, vues imprenables sur la vallée où se dressent, orgueilleuses, les Mitten Rocks, les mesas et pitons rocheux les plus célèbres du Far West. Un conseil : découvrez-les à cheval, avec un guide navajo... moments inoubliables assurés.

Du Grand Canyon, la route 64 – vers l'est – mène au territoire navajo. À partir de Tuba City, plusieurs options possibles : route 160 vers Kayenta et Monument Valley ou route 264 (qui traverse le territoire hopi) pour Chelly ou Gallup. Sachez qu'il n'y a pas de banque dans ces réserves.

Les Navajos ou « Dine », le Peuple de la Terre – ont l'habitude de ne pas regarder dans les yeux la personne à laquelle ils s'adressent. Ils ne mangent pas de poisson, censé étouffer et ne croient pas en l'au-delà.

La capitale administrative de la nation navajo est Window Rock, au sud-est de la réserve. Mais la vraie capitale est Gallup, entre Flagstaff et Albuquerque, sur la mythique route 66. C'est là que les Indiens trouvent du travail mais surtout peuvent acheter l'alcool, la ville étant située en dehors de leur territoire où cette consommation est interdite.

Hogan et artisanat navajos

Le hogan, habitation des Navajos, mesure huit mètres de diamètre. Le choix des matériaux n'est pas primordial mais sa forme doit toujours être ronde. Celle-ci reflète en effet la vision du monde qu'ont les Indiens : circulaire comme le soleil ou la lune et cyclique comme le mouvement des saisons. C'est par rapport aux quatre points du cercle universel – l'Est, l'Ouest, le Sud et le Nord – que s'organisent les déplacements dans le hogan, qui ne comporte toujours qu'une seule porte ouverte sur l'est.

Si les Indiens Navajos vivent d'agriculture et d'élevage de moutons, le commerce d'**objets artisanaux** participe aussi à l'économie de cette tribu. Bijoux en argent incrustés de turquoises (leur pierre médiumnique), couvertures et tapis en laine tissée aux couleurs vives et dessins géométriques, objets divers comme les Dream Catchers, un talisman populaire qui écarte le mauvais œil. Certains tableaux navajos représentent des dessins constitués de sables de couleurs différentes (sandpaintings). Selon les sorciers, le sable absorbe les maux. Ensuite, le tout est enterré. Certaines couleurs indiquent les directions, une vision très rimbaldienne de l'espace : Noir pour le nord ; jaune pour l'ouest ; bleu pour le sud et blanc pour l'est, tandis que le rouge symbolise le soleil…

Activités : camping, randonnées à cheval, excursions en 4x4
Adresse postale : Monument Valley Tribal Supervisor,
P.O Box 93, Monument Valley, UT 84536 ;
Tél. : (801) 727-3231 ; Fax : (801) 727-3344

Page de droite :

Hogan (butte circulaire traditionnelle) au pied des Three Sisters, une formation sacrée pour les Navajos, qui pratiquent encore de nombreux rites et danses pour marquer les étapes décisives de la vie. Les enfants sont scolarisés à l'école navajo de Monument Valley, où les cours sont dispensés en anglais et en navajo. Depuis les années 60, avec le Red Power et l'American Indian Movement, les Indiens d'Amérique ont redécouvert leurs traditions, leurs croyances et leurs langues.

Doubles pages suivantes :

Merrick Butte doit son nom à un aventurier et soldat ayant servi sous Kit Carson, tué par les Indiens pour avoir essayé d'exploiter une mine d'argent en territoire sacré.

Au coucher du soleil, Mitten Rock s'embrase. Totem de pierre désacralisé que le parc tribal loue à prix d'or aux publicitaires, qui l'utilisent souvent pour lancer une nouvelle voiture.

Canyon de Chelly National Monument (Arizona)

« Tout ce que fait la Force du monde est circulaire. »
(Black Elk)

Ce canyon encore habité est un petit bijou de Navajoland, non loin de la bourgade indienne de Chinle.
Il dévoile d'intéressantes formations rocheuses mais abrite surtout des habitats troglodytiques d'anciens Indiens Pueblos.

Superficie : 336 km²
Situation : au nord-est de l'Arizona dans Navajoland
Altitude : env 1 500 m
Monument national depuis 1931
Saison : été caniculaire et orageux, hiver froid ; idéal au printemps et en automne

Une route dessert les principaux belvédères, offrant une vue panoramique sur le canyon et les formations rocheuses les plus remarquables.

Rondeurs du collier en lapis-lazuli du rio de Chelly qui serpente dans la vallée vert tonique.

Rondeurs des grains de sable doré qui en nappent les sentiers.

Rondeurs des rochers de grès incarnat polis par les forces naturelles.

Rondeurs des hogans ocrés qui abritent les fermiers navajos.

Rondeurs des colonnes granitiques qui s'envolent en volutes vers le ciel azuré.

Rondeurs des grottes beiges qui émaillent ce site émouvant.

Rondeurs des peintures rupestres qui tapissent les flancs arrondis de ces gorges dérobées.

Rondeurs de celui que les Indiens surnomment le « Pays coloré des montagnes Chuskas ».

Un sentier un peu raide descend en zigzags au fond de la gorge jusqu'aux ruines de White House et n'offre aucune halte ombragée. Il est donc impératif de bien s'équiper et de prévoir plusieurs litres d'eau par personne.

PEUPLEMENTS

Après en avoir chassé les tribus Pueblos, les Navajos s'installèrent vers 1700 dans le Canyon de Chelly (prononcer « di-t'chay-li ») – le « Pays coloré des montagnes Chuskas » dans leur langue – et y restèrent jusqu'à leur expulsion au XIXe par la cavalerie américaine.

Aujourd'hui, quelques familles de fermiers navajos s'y sont réinstallées, cultivant maïs et haricots et élevant des moutons.

DÉCOUVERTE DU CANYON

- En voiture

Une route dessert les principaux belvédères, offrant ainsi une vue d'aigle sur le canyon et les formations rocheuses les plus remarquables comme Spider Rock – le Rocher Araignée – une aiguille de 244 m de haut, surplombant la gorge du Canyon del Muerto, nom attribué lors des guerres américano-indiennes.

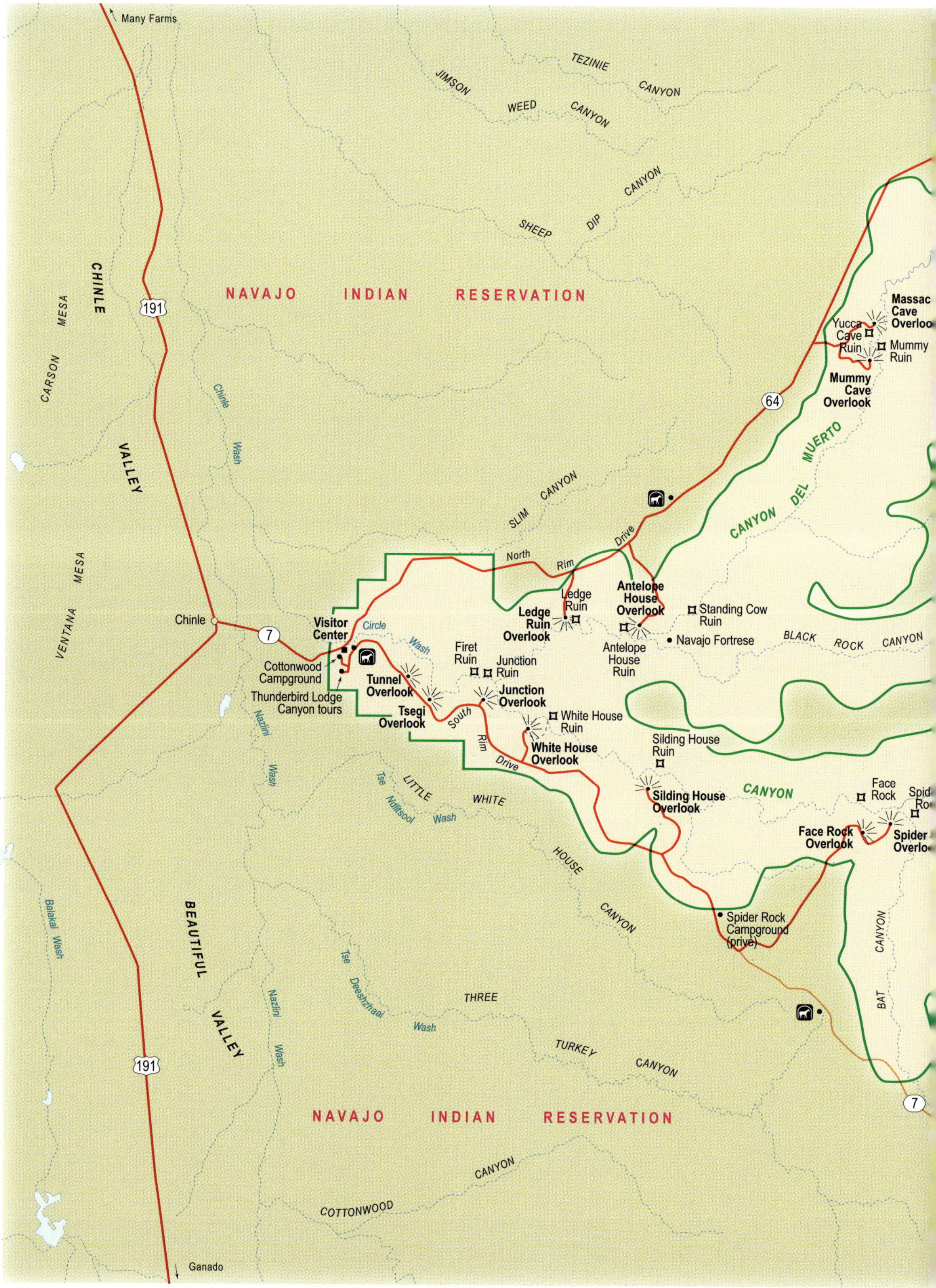

Many Farms
TEZINIE CANYON
JIMSON WEED CANYON
SHEEP DIP CANYON
NAVAJO INDIAN RESERVATION
CHINLE VALLEY
CARSON MESA
191
Chinle Wash
SLIM CANYON
64
Massac Cave Overloo
Yucca Cave Ruin
Mummy Ruin
Mummy Cave Overlook
CANYON DEL MUERTO
North Rim Drive
VENTANA MESA
Chinle
7
Visitor Center
Circle Wash
Ledge Ruin
Ledge Ruin Overlook
Antelope House Overlook
Standing Cow Ruin
Navajo Fortrese
BLACK ROCK CANYON
Antelope House Ruin
Firet Ruin
Junction Ruin
Cottonwood Campground
Thunderbird Lodge Canyon tours
Tunnel Overlook
Tsegi Overlook
Junction Overlook
White House Ruin
White House Overlook
South Rim Drive
Silding House Ruin
Silding House Overlook
CANYON
Face Rock
Face Rock Overlook
Nazlini Wash
Tse Nalitsool Wash
LITTLE WHITE HOUSE CANYON
Spider Rock Campground (privé)
BAT CANYON
Balakai Wash
BEAUTIFUL VALLEY
Tse Deeshzhaai Wash
THREE TURKEY CANYON
7
NAVAJO INDIAN RESERVATION
COTTONWOOD CANYON
Ganado

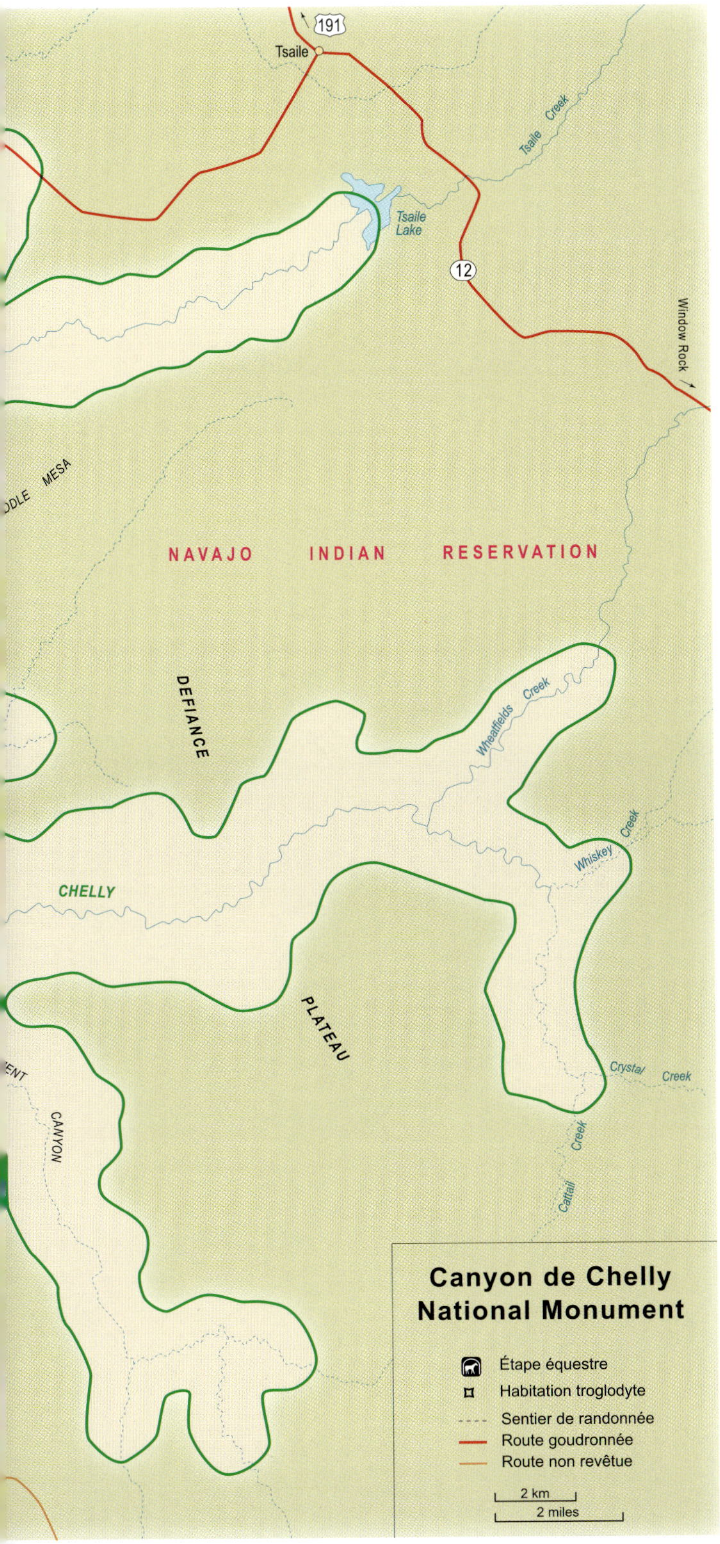

Double page suivante :

C'est dans de telles falaises abruptes que des tribus indiennes se sont retranchées et que l'on découvre au terme d'une balade d'environ une heure au fond du canyon.

Les grès qui constituent les parois du canyon de Chelly datent de l'âge permien et se sont donc formés il y a plus de deux cent millions d'années.
Par endroit, la roche se plisse en vagues de pierre rose et vire au rouge sang au coucher du soleil.

Pour circuler dans le canyon même, il faut obligatoirement passer par les services d'un guide navajo qui vous conduira en 4x4 sur la piste sableuse qui sillonne Chelly.

- À pied

À condition qu'il ne fasse pas trop chaud, c'est la meilleure façon d'aborder le site et ses nombreuses habitations troglodytiques. Certaines zones du canyon sont interdites aux Blancs car sont des lieux sacrés pour les Navajos (Navajo Fortress notamment).

Activités : randonnées à cheval, excursions en 4x4
Adresse postale : Canyon de Chelly National Monument, Box 588, Chinle, AZ 86503 ;
Tél. : (602) 674-5436 ou 674-5443 ; Fax : (602) 674-5841

Doubles pages suivantes :

Antelope House et Mummy Cave Ruins constituent un ensemble d'habitations troglodytiques, occupées entre 350 et 1300 après J.-C. successivement par des Pueblos puis des Navajos. Leurs murs sont encore recouverts de peintures et motifs rupestres.

Des griffes de pierre balafrent le canyon de Chelly au fond duquel sinue une jolie rivière, source de vie pour les fermiers indiens installés sur ses berges verdoyantes.

Le canyon est émaillé de belles formations rocheuses, aux lignes arrondies, brossées par les pluies, le soleil et le gel.

Le soleil, le gel puis les pluies éclatent les roches et craquèlent le sol recuit…
Mises en scène de la nature aux talents artistiques.

Parc de l'État du COLORADO

u cœur des Rocheuses, › fabuleux État du Colorado est ›rgé de montagnes, forêts et lacs. ' abrite des villes-fantômes, 'es stations de ski huppées omme Aspen, ou encore le parc 'e Mesa Verde, unique en son enre car dédié non pas à la 'ature mais à l'Homme.

Surnoms : Centennial State (État du Centenaire des États-Unis) et Silver State (État de l'argent)
Superficie : 270 000 km²
Population : env 3,2 millions d'hab
Capitale : Denver (env 1 million d'hab)
Entrée dans l'Union : 1er août 1876 (38e État)
Parcs nationaux : Mesa Verde NP

Mesa Verde National Park (Colorado)

« La Mère Nature est toute puissante, ayant pour elle l'éternité
(prière indienne

Situé à l'extrême sud-ouest de l'État du Colorado, Mesa Verde National Park est un site classé au patrimoine mondial pour les remarquables vestiges archéologiques précolombiens dont il regorge, notamment ses célèbres habitats troglodytes d'Indiens Anasazis.

Superficie : 211 km^2
Situation : au sud-ouest du Colorado
Altitude : 2 123 à 2 900 m
Parc national depuis 1906
Saison : étés chauds mais nuits froides ; hivers rigoureux (ruines non accessibles)

Terre de mystères, Mesa Verde est un précieux témoignage sur les tribus installées sur ces hauts-plateaux au tout début de l'ère chrétienne.

Le plateau, griffé de canyons, coiffé de forêts, domine le contreforts des Rocheuses et surplombe une large plaine doré Des pans du parc s'effilochent en troncs calcinés et sols pelé désolants restes d'un incendie passé.

Puis, par-delà un mont, le paysag retrouve sa vigueur, étale sa riche végé tation et sa faune abondante. En flânar dans les habitats troglodytiques, l'ouï perçoit le battement sourd des tam bours, les mélopées de chants nosta giques… Dans les villages en adobe e pierre, glissent les mirages de famille indiennes occupées à quelque tâch domestique. Et là, dans une ronde kiv creusée dans le sol, se déroule en fili grane une cérémonie initiatique.

Un enchevêtrement d'échelles, d tunnels, de tours rondes ou carrées tisser un passage vers le passé. Vers un pay

amérindien où l'on ne savait encore rien des Tuniques Bleues qui, les siècles plus tard, bouleverseraient un monde en harmonie avec e cosmos et la nature. Un monde perdu dont le fantôme hante chaque excavation, chaque bijou et chaque arbre de Mesa Verde…

LE PEUPLE ANASAZI

Les tribus qui occupèrent Mesa Verde furent celles d'anciens Pueblos, nom donné par les Espagnols aux tribus sédentaires du sud qui incluaient les Hopis, les Zunis, les Basketma-

Suite légende page de gauche :

Les habitations troglodytes incrustées à flancs de falaise ne se visitent qu'avec un ranger, qui raconte avec passion le mode de vie des anciens habitants.

kers ou « Vanniers » et les Anasazis. Ces derniers formaient un société clanique matrilinéaire, réputée pour son savoir-fair artisanal (poterie, vannerie, bijoux, outils). Nomades d'origine les Anasazis se sont peu à peu sédentarisés avec l'avènemer de l'agriculture, la domestication des animaux et la maîtrise d nouveaux matériaux de construction. Du XIe au XIIIe siècle cette civilisation connut son apogée, traduit par la constructio plus élaborée de villages organisés et la création d'un superb artisanat. Puis, brusquement, au XIVe siècle, pour des raison toujours inexpliquées, les Anasazis abandonnèrent le haut-pla teau de Mesa Verde pour émigrer vers le sud-ouest où leur cu ture se dilua dans celle d'autres tribus.

LES HABITATIONS PRÉCOLOMBIENNES

Avec 4 000 habitations, Mesa Verde est la plus grand concentration de grottes et villages indiens datant des premier siècles de l'ère chrétienne. Vers 550 après J.-C., les Basketma kers occupaient les grottes et alcôves rocheuses. Plus tard, le Anasazis vinrent à Mesa Verde où ils construisirent, en adob puis en pierre, des habitations en excavation (pit houses). Ver 750, elles furent remplacées par des maisons de surface accro chées aux falaises (cliff dwellings), peu à peu réunies en vi lages. C'est à leur apogée que les Anasazis bâtirent les grande demeures que l'on visite aujourd'hui, telles Spruce Tree House Square Tower House, Balcony House.

Spruce Tree House, juste derrière le passionnant Chapin Mesa Museum dédié aux Indiens d'Amérique, est une des trois grandes habitations de Mesa Verde avec 114 pièces et huit kivas.

Ci-contre : premier « gratte-ciel » américain ? Certaines constructions anasazis comptaient plusieurs niveaux à l'instar de Square Tower House, un immeuble de quatre-vingts pièces et sept kivas réparties sur quatre étages percés de rares fenêtres.

Doubles pages suivantes :

Découverte en 1888 par des cowboys, Cliff Palace est la plus grande habitation troglodyte d'Amérique du Nord. Organisée comme un village où vivaient jusqu'à 250 personnes, elle est pourvue de 217 pièces et de 23 kivas, petites salles cérémonielles à demi enfouies dans le sol.

Un ensemble remarquable de kivas, nom hopi des petites salles cérémonielles circulaires enterrées au pied des habitations. L'hiver, les familles s'y blottissaient autour du feu pour se protéger des hivers glaciaux qui ensevelissent le plateau sous la neige pour de très longs mois.

Mesa Verde recense une multitude d'animaux, les plus communs étant les cerfs à queue noire, dont quelques éléments de la harde viennent brouter aux abords de la cité précolombienne de Far View. Les autres résidants du parc sont les wapitis, les ours noirs, les renards gris, les lynx et les mouflons.

CLIFF PALACE

Cette habitation, la plus vaste d'Amérique du Nord, est le fleuron de Mesa Verde, construit vers 1200 après J.-C. dans une grotte de cent mètres de long et dix-huit de haut. Visiter ce site amène le voyageur à escalader des échelles, franchir des passerelles, traverser des tunnels qui permettent d'accéder aux chambres, aux pièces de stockage des graines, aux kivas. Une résidence impressionnante de 217 pièces où logeaient 250 personnes.

Activités : camping, visites guidées des ruines avec les rangers
Adresse postale : Mesa Verde National Park, CO 81330
Tél. : (303) 529-4465 ou 529-4421

OREGON
Redwood N.P.
Lava Beds N.M.
Goose Lake
Whiskeytown-Shasta-Trinity N.R.A.
Lassen Volcanic N.P.
5
Sacramento River
80
SACRAMENTO
Lake Tahoe
NEVADA
Muir Woods N.M.
Point Reyes N.S.
John Muir N.H.S.
SAN FRANCISCO
Eugene O'Neill N.H.S.
Yosemite N.P.
Fort Point N.H.S.
Golden Gate N.R.A.
San Francisco
Maritime N.H.P.
Mono Lake
Devils Postpile N.M.
San Joaquin River
Kings Canyon N.P.
Pinnacles N.M.
5
Sequoia N.P.
Manzanar N.H.S.
Death Valley N.P.
CALIFORNIE
Mojave N.R.P.
Santa Monica N.R.A.
Channel Islands N.P.
LOS ANGELES
Joshua Tree N.P.
5
10
Salton Sea
Colorado River
ARIZONA
San Diego
Cabrillo N.M.
MEXIQUE
8

Parcs de l'État de CALIFORNIE

Surnoms : Golden State (État doré), Bear Flag Republic (République du drapeau de l'ours)
Superficie : 411 000 km^2 (3e État par sa taille)
Population : env 32 millions d'hab (État le plus peuplé des USA)
Capitale : Sacramento (env 390 000 hab)
Entrée dans l'Union : 9 septembre 1850 (31e État)
Parcs nationaux : Yosemite NP, Death Valley NP, Sequoia & Kings Canyon NP, Joshua Tree NP, Redwood NP, Lassen Volcanic NP, Point Reyes National Seashore

La Californie a élevé le respect de la nature en principe de vie tout en cultivant sa passion pour les modes et l'éphémère. Riche de nombreux parcs, elle constitue une vraie destination, aussi éblouissante qu'étonnante.

Joshua Tree National Park (Californie)

« Désert d'humwichawa »

À l'est de Los Angeles, ce parc s'étire au-delà de Palm Springs, la luxueuse villégiature des stars de Hollywood. Depuis quelques années, Joshua attire de plus en plus les inconditionnels de la varappe grâce à ses superbes formations granitiques.

Situation : à l'est de Los Angeles
Altitude : 1 570 m
Parc national depuis 1994
Saison : caniculaire en été, doux le reste de l'année

Un horizon barré de montagnes violines. Une vallée piquée de milliers de cactus et de yuccas géants… La lumière aveuglante écrase le paysage alors que la chaleur suffocante plombe les pensées. Seul refuge, « l'oasis aux 29 palmiers » dont les palmes en éventail apportent douceur et apaisement.

Le coyote.

Sinon, à perte de vue, la sauvage beauté du désert de Mojave et de Sonora où ne vivent que coyotes, scorpions et serpents à sonnettes et où survivaient les Indiens Cahuilla. Cette tribu connaissait bien les humwichawa, ces yuccas géants qui festonnent le désert, puisqu'ils en utilisaient les larges feuilles pour fabriquer paniers et sandales et en consommaient bourgeons et racines.

Au milieu du XIXe siècle, cette belle variété du Yucca brevifolia fut rebaptisée « arbre de Josué » par une poignée d'immigrants mormons qui crut voir les bras du prophète Josué guidant les Hébreux jusqu'au pays de Canaan. Une Terre promise mais sans grandes espérances…

Joshua Tree National Park est réputé pour ses fameux « arbres de Josué », une variété de Yucca brevifolia *pouvant mesurer dix mètres de haut et qui s'orne au printemps de magnifiques grappes de fleurs blanches.*

Page de gauche :

C'est à la fraîche que les nombreux habitants du désert sortent pour chasser, à commencer par les prédateurs comme le coyote, le rat kangourou, le lynx, le puma, le renard, les urubus et aigles royaux. Pullulent aussi les gilas (lézards venimeux), scorpions vinaigre, mygales, veuves noires et tarentules. Plus sympathiques mais plus difficiles à voir sont les géocoucous de Californie, ou roadrunners, immortalisés par le célèbre « Bip-Bip » des cartoons américains.

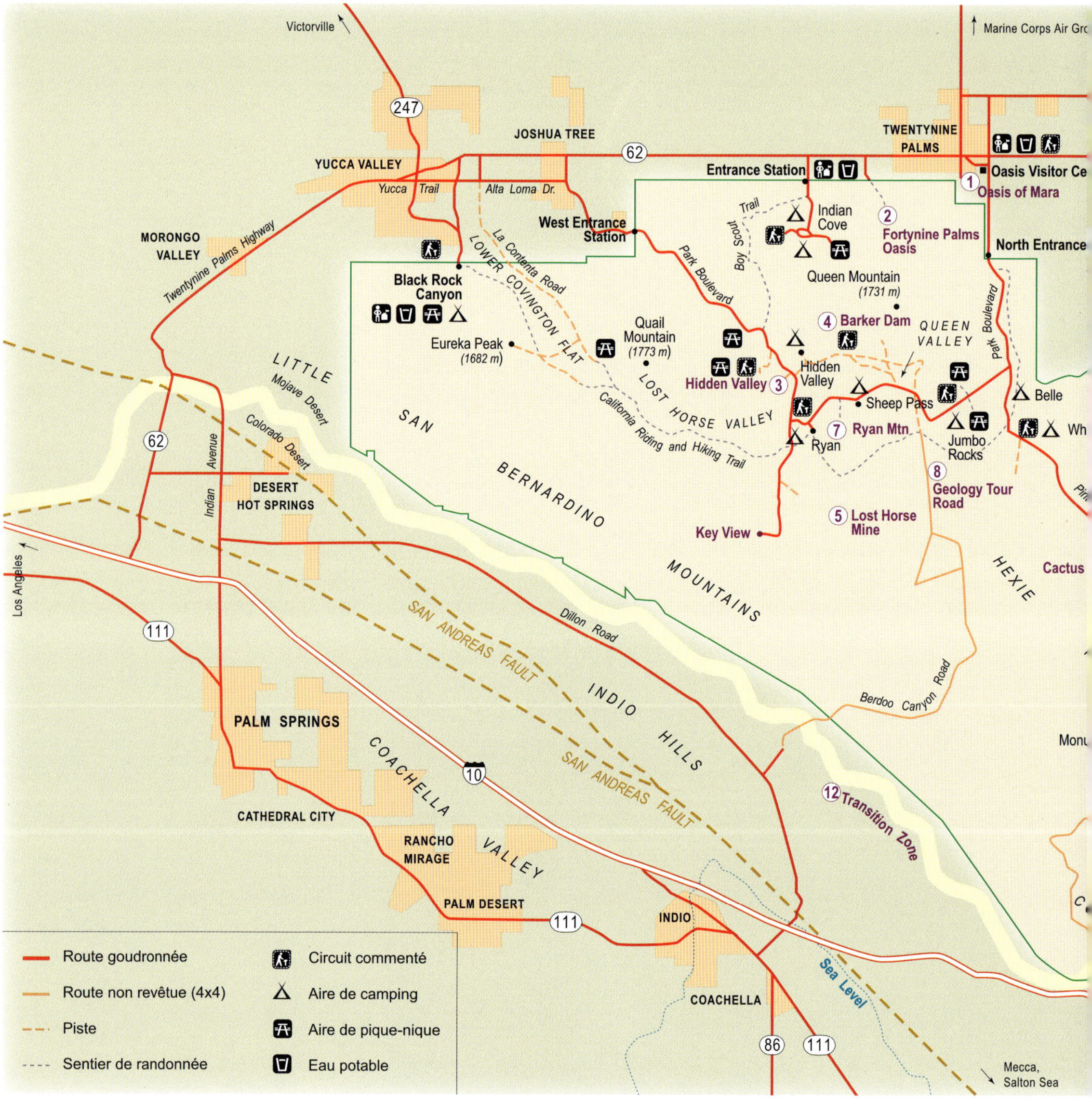

Page de droite : parmi les habitants peu accueillants du désert figurent les reptiles, notamment les serpents corail et, plus nombreux, les crotales, aussi appelés serpents à sonnettes. Souvent blottis sous les pierres, ils manifestent leur présence en faisant crisser les anneaux de leur queue… mieux vaut alors s'éloigner sans déranger.

UN DÉSERT PROTÉGÉ

Les énormes blocs de roche granitique vieille de quelque cent millions d'années en font un terrain de jeux très apprécié des inconditionnels de la varappe. Depuis quelques années, le Mojave National Preserve protège une grande partie de ce désert sur une partie duquel s'est bâtie la tentaculaire Los Angeles.

LES POINTS DE VUE

La visite de ce parc commence à l'Oasis Visitor Center où l'on peut obtenir les cartes des chemins de randonnée et des

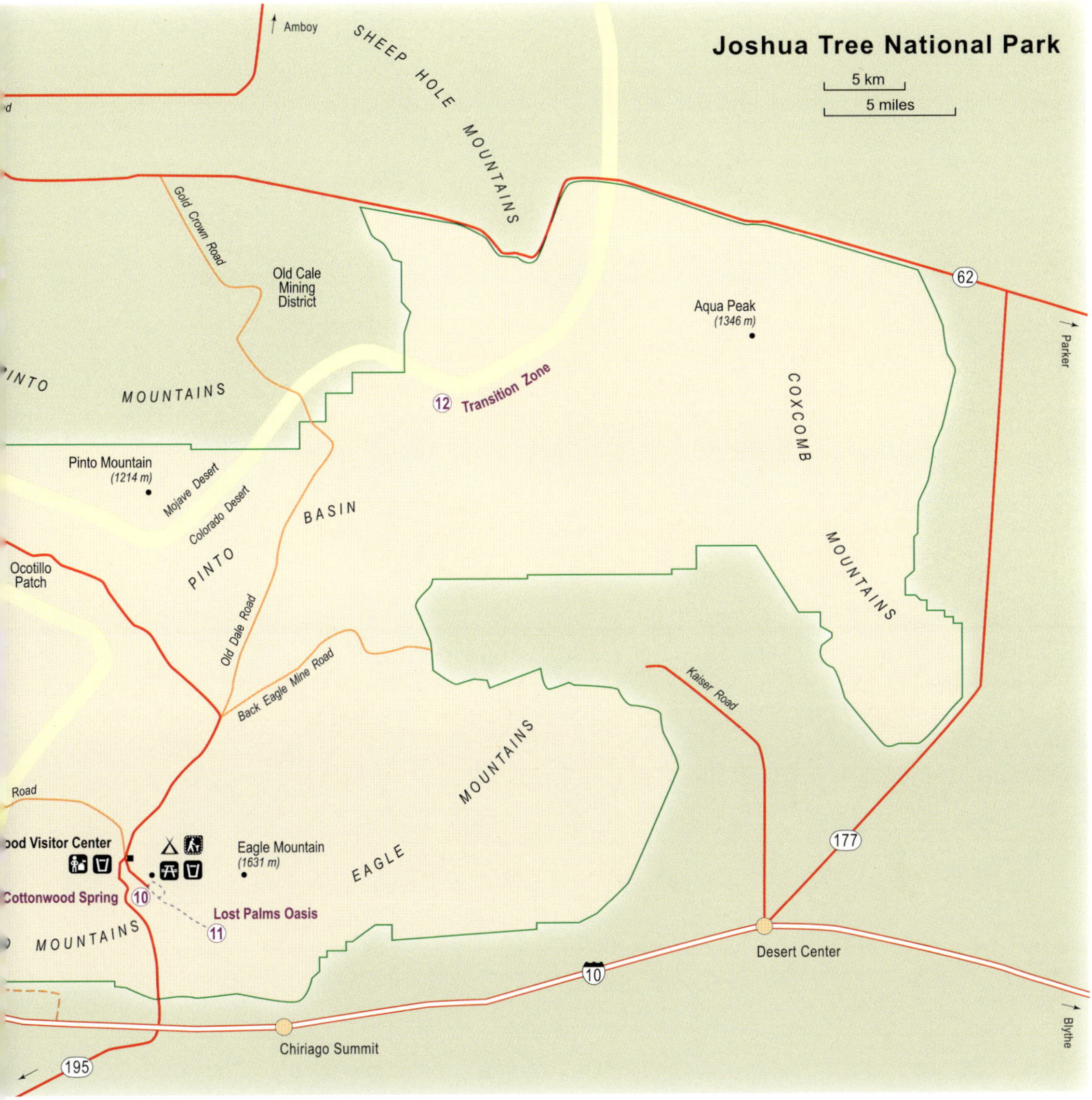
Joshua Tree National Park
5 km
5 miles
Amboy
SHEEP HOLE MOUNTAINS
Gold Crown Road
Old Cale Mining District
PINTO MOUNTAINS
12 Transition Zone
Aqua Peak (1346 m)
62
Parker
COXCOMB MOUNTAINS
Pinto Mountain (1214 m)
Mojave Desert
Colorado Desert
BASIN
PINTO
Ocotillo Patch
Old Dale Road
Back Eagle Mine Road
Kaiser Road
EAGLE MOUNTAINS
Road
ood Visitor Center
Eagle Mountain (1631 m)
Cottonwood Spring 10
Lost Palms Oasis 11
MOUNTAINS
177
Desert Center
10
Chiriago Summit
195
Blythe

guides sur la flore et la faune locales. Pour ceux qui n'osent pas s'y aventurer à pied, il est possible de le traverser en voiture. Il faut alors compter deux heures pour découvrir ses divers sites intéressants comme Twentynine Palms Oasis, Hidden Valley, Lost Horse Mine, Inspiration Point, Cholla Cactus Garden et Lost Palms Oasis.

LES BALADES INCONTOURNABLES

- **Hidden Valley** (1,6 km aller-retour) au départ de Palm Springs : cette « vallée cachée » formée d'énormes blocs de roche granitique vieille de quelque cent millions d'années, aurait abrité, selon la légende locale, du bétail volé.

- **Keys View** (400 m aller-retour) : ce point de vue situé à 1 580 m d'altitude offre un superbe panorama sur le désert, à découvrir au coucher du soleil.

- **Cholla Cactus Garden** (400 m aller-retour) : le site idéal pour assister au lever du soleil sur les forêts de cactus géants, certains pouvant atteindre dix mètres de haut.

LES RANDONNÉES

- **Boy Scout Trail** (25,8 km aller-retour ; 1-2 jours) : au départ d'Indian Cove, cette randonnée de niveau modéré fait passer dans un magnifique paysage de rochers aux formes variées.

- **Twentynine Palms Oasis** (4,8 km aller-retour ; 2-3 heures) : cette petite randonnée démarre du parking de Canyon Road et sillonne une région couverte de palmiers en éventail.

- **Lost Horse Mine Mountain** (6,4 km aller-retour) : au départ de Keys View Road, ce chemin permet d'accéder au sommet du lieu, situé à 1 609 m d'altitude, et de jouir d'une vue imprenable sur le désert, les montagnes et les oasis qui ponctuent Joshua Tree National Park.

Activités : camping, varappe, randonnées à cheval
Adresse postale : 74485 National Monument Drive, Twentynine Palms, CA 92277 ; Tél. : (619) 367-7511

Page de gauche :

Ce bel arbuste, un Teddybear Chollas *(oponce sauteur) est redoutable pour les randonneurs à cause de ses tiges épineuses.*

Ci-contre : comme dans tous les parcs nationaux américains, il est possible de partir en exploration avec un ranger qui vous racontera l'histoire géologique du parc, vous informera sur la flore locale et vous apprendra à reconnaître les animaux aux traces laissées dans le sable.

Page de droite :

Les déserts américains concentrent plus d'une centaine d'espèces de cactus, les plus connus étant le cactus saguaro, ou cactus chandelier, qui peut atteindre 15 m de haut et vivre 200 ans. Les autres végétaux du désert sont le figuier de Barbarie, la sauge des sables, le genévrier, l'ambroisie grise, l'acacia, l'astragale pourpre ou encore l'amarante.

Doubles pages suivantes :

L'arbre de Josué pousse dans les déserts de Californie, du Nevada et d'Arizona. Pouvant atteindre 15 m de haut, cette plante géante déploie ses branches couvertes de longues épines.

L'Ouest américain compte quatre grands déserts : Mojave (Californie), Sonora (sud de l'Arizona), Great Basin (Nevada) et Chihuahua (Nouveau-Mexique et Arizona). On peut y rouler des heures sans croiser âme qui vive ni percevoir un changement de décor. Une monotonie que viendra rompre le moindre rapace ou nuage en saupoudrant leur ombre sur les immensités planes qui vibreront sous les trombes d'un orage soudain.

Death Valley National Park (Californie)

« Le silence éternel de ces espaces infinis m'effraie »
(Pascal)

Malgré son nom de Vallée de la Mort,
cet immense désert au relief tourmenté et paysages variés,
abrite une faune abondante et pas moins de 900 espèces de plantes.
Région de tous les extrêmes, il faut bien se préparer avant
de s'y aventurer, surtout l'été quand sa beauté rime avec fournaise.

Superficie : 1,2 million d'hectares (+ grand parc américain)
Situation : au Sud-Est de la Californie à la frontière du Nevada
Altitude : moins 86 m à 3315 m
Parc national depuis 1933
Saison : meilleure période d'octobre à mai (18-24°C le jour, nuits fraîches) ; point le plus chaud des États-Unis en été (50°C)

La cuvette de Badwater, constellée de cristaux de sel et de minéraux, représente le point le plus bas des États-Unis, situé à 86 m sous le niveau de la mer. Un lac peut s'y former après de fortes pluies.

Midi.
Le désert absolu.

Impossible de faire trois pas… l'air n'est qu'une brûlure. Des gouttes de plomb fondu semblent tomber du ciel. Un enfer parfaitement nommé. Dont les beautés pétrifient l'âme. Trop hostiles. Il faut avancer dans cette Vallée de la Mort. En chercher les issues. Une quête qui coûta bien des vies de pionniers et qui, aujourd'hui, n'est plus qu'un jeu planifié sur un grandiose échiquier de sable, de sel et de rocs.

Des montagnes floues dans les vibrations de l'air. On les devine si hautes, si pelées, si déchiquetées que l'idée de les franchir décourage avant toute tentative.

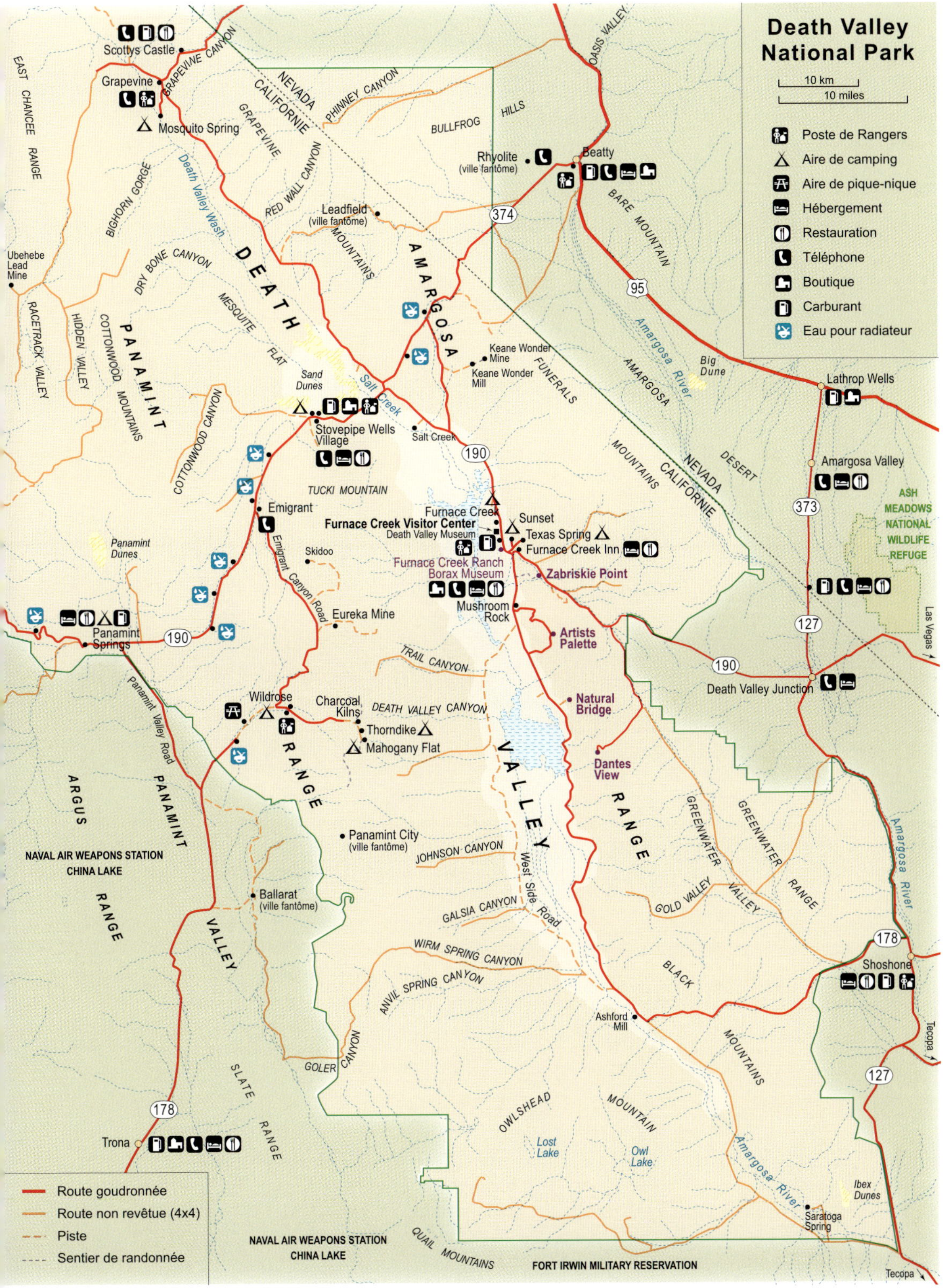

Death Valley National Park
10 km
10 miles
Poste de Rangers
Aire de camping
Aire de pique-nique
Hébergement
Restauration
Téléphone
Boutique
Carburant
Eau pour radiateur
Route goudronnée
Route non revêtue (4x4)
Piste
Sentier de randonnée
Scottys Castle
Grapevine
Mosquito Spring
Rhyolite (ville fantôme)
Beatty
Leadfield (ville fantôme)
Ubehebe Lead Mine
Keane Wonder Mine
Keane Wonder Mill
Sand Dunes
Stovepipe Wells Village
Salt Creek
Emigrant
Skidoo
Furnace Creek
Furnace Creek Visitor Center
Death Valley Museum
Sunset
Texas Spring
Furnace Creek Inn
Furnace Creek Ranch
Borax Museum
Zabriskie Point
Mushroom Rock
Artists Palette
Eureka Mine
Panamint Dunes
Panamint Springs
Wildrose
Charcoal Kilns
Thorndike
Mahogany Flat
Natural Bridge
Dantes View
Panamint City (ville fantôme)
Ballarat (ville fantôme)
Ashford Mill
Trona
Lathrop Wells
Amargosa Valley
Ash Meadows National Wildlife Refuge
Death Valley Junction
Shoshone
Saratoga Spring
Big Dune
Ibex Dunes
Lost Lake
Owl Lake
Las Vegas
Tecopa
Nevada
Californie
Death Valley
Amargosa Range
Panamint Range
Funerals
Black Mountains
Greenwater Range
Greenwater Valley
Gold Valley
Owlshead Mountain
Argus Range
Panamint Valley
Slate Range
Quail Mountains
Tucki Mountain
Bullfrog Hills
Bare Mountain
Amargosa Desert
Amargosa River
East Chancee Range
Racetrack Valley
Hidden Valley
Cottonwood Mountains
Mesquite Flat
Death Valley Wash
Grapevine Canyon
Phinney Canyon
Red Wall Canyon
Bighorn Gorge
Dry Bone Canyon
Cottonwood Canyon
Oasis Valley
Trail Canyon
Death Valley Canyon
Johnson Canyon
Galsia Canyon
Wirm Spring Canyon
Anvil Spring Canyon
Goler Canyon
Emigrant Canyon Road
Panamint Valley Road
West Side Road
Naval Air Weapons Station China Lake
Fort Irwin Military Reservation
374
95
190
373
127
178

Une mer de sel sans horizon. Une blancheur aveuglante qui brouille les sens. **Le Terrain de Golf du Diable** (Devil's Golf Course)… le décor inouï se confond avec le « parcours » démoniaque qui recèle de pièges, sculptés dans les crevasses recuites et les blocs de cet or blanc du désert.

Badwater. Une cuvette d'eau saumâtre et de cristaux de sel qui gît là, dans un silence sépulcral, à quatre-vingt-six mètres sous le niveau de la mer.

Ubehebe. Balcon sur un paysage lunaire criblé de cratères nés d'explosions volcaniques. Partout s'échappent des pistes englouties dans des lacis de canyons.

Dunes mouvantes de Sand Dunes, comme un morceau de Sahara greffé au Far West. Des mamelons façonnés par du sable arraché aux montagnes par l'érosion puis déposé par les vents secs et brûlants.

Le crépuscule.

Une féerie sous une voûte bleu saphir.

Des roches, fusent toutes les couleurs de l'arc-en-ciel. Les igments s'avivent.

Mauves, les crêtes de la barrière montagneuse.

Dorées, les dunes de sable modelées par le vent. Petit ahara au fin fond de l'Amérique.

Rose, la plaine de sel qui s'enfonce sous le niveau de la ier.

Multicolore, le défilé de la Palette de l'Artiste (Artist alette) : vert du mica, rouges et jaunes du fer et du cuivre, vio-et du manganèse... Mosaic Canyon, Emigrant Canyon... les ayons obliques du soleil couchant attisent les roches.

Zabriskie Point. Merveilleux panorama. Un patchwork ninéral irisé de grenat, parme et bronze.

Dante's View. Une « terrasse » perchée 1650 m au-dessus u sillon de Death Valley. Vue saisissante, images époustou-antes.

Twenty Mule Team Canyon. La route devient piste et s'en-oule dans une gorge, ancien lit d'un lac glaciaire aux roches nulticolores.

22 heures.

Un ciel ébène pétillant d'étoiles recouvre le désert qui rend son ultime inspiration. Dans le lointain, le grincement l'une vieille pompe rouillée, le craquement du bois d'un cha-iot déglingué.

Les animaux sortent de leurs tanières. Les palmes des dat-iers s'émeuvent sous les ondulations du vent encore si haud... Son souffle crée un léger clapotis dans la piscine tur-uoise lovée dans l'oasis de Furnace Creek Ranch... Les voya-eurs harassés mais heureux se souviendront longtemps de ce lésert aux parfums d'aventure.

GÉOLOGIE DE DEATH VALLEY

Cette dépression est née de l'érosion de la volcanique ierra Nevada voici quelque cinquante millions d'années.

Cette vallée infernale, un des plus profonds sillons de l'hé-nisphère nord, était occupée à l'ère glaciaire par un vaste lac. Il 'assécha, laissant place à un lac salé disparu voici 2000 ans mais lont il reste une couche de sédiments salés (le salt pan) et des lépôts de gypse, de borate et de potasse. Les failles, cratères et anyons sont nés de violents chaos sismiques.

Deux barrières montagneuses flanquent Death Valley : 'Amargosa Range à l'est et la Panamint Range à l'ouest avec our point culminant Telescope Peak (3315 m).

Double page suivante :

Située sur la frontière de la Californie et du Nevada, Death Valley est devenue en 1994 le plus vaste parc des États-Unis. Son nom lui fut attribué en 1849 par des mormons qui parvinrent à sortir de cet enfer alors qu'ils faisaient route vers le Pacifique. C'est dans cette vallée de la Mort que fut enregistrée en 1913 la plus haute température jamais atteinte aux États-Unis : 57 °C. Mais chaque été voit le thermomètre dépasser aisément les 50 °C à l'ombre.

GISEMENTS DE BORATE

Par endroit, la roche se teinte d'une vive couleur jaune, preuve de présence de borate dont l'exploitation fut intense au XIXe siècle dans la Vallée de la Mort et cessa en 1920. Cet « or blanc » du désert était utilisé dans l'industrie pour la fonte des métaux notamment. Aujourd'hui, il est utilisé dans toutes sortes d'industries de pointe (aéronautique, agrochimie, etc.).

Activités : camping, randonnées à cheval, VTT, baignade (à Furnace Creek)
Adresse postale : Death Valley National Park, Death Valley, CA 92328 ; Tél. : (619) 786-2331 ou 786-2345 ; Fax : (619) 786-2307

Page de gauche : Des chariots abandonnés dans la vallée nous rappellent la grande période des pionniers. Celle des orpailleurs qui se ruaient vers les monts aurifères de Californie ou des mormons en quête d'une terre promise.

Ci-dessous : la flore de Death Valley est riche de cactus, d'ambroisies, d'acacias, de genévriers ou des fameux tumbleweeds, *les « buissons qui roulent », sortes d'amarantes fragiles que les vents arrachent du sol sablonneux.*

Doubles pages suivantes :

Là vivaient autrefois les Indiens Shoshone de la tribu des Timbisha. Ils descendaient des montagnes pour chasser et cueillir des baies dans la vallée avant de se sédentariser avec le développement des mines d'or, d'argent, de cuivre et de borax, dont l'exploitation cessa en 1920.

La richesse des sols en minéraux divers explique l'incroyable coloration des roches volcaniques, bien visible au site baptisé la Palette de l'Artiste : vert du mica, rouge, rose et jaune du cuivre et du fer, violet du manganèse.

Furnace Creek et sa palmeraie de dattiers constitue une excellente base pour rayonner dans les immensités de Death Valley.

Sequoia et Kings Canyon National Parks (Californie)

« Les arbres, avec leur contenance rosée et rayonnante, semblaient être réduits au silence… on ne pouvait que marcher doucement, avec respect parmi eux. » (John Muir)

Accrochés sur les flancs de la sierra Nevada, Sequoia et Kings Canyon abritent des forêts de séquoias géants millénaires, de profonds canyons et le plus haut sommet des États-Unis (hors Alaska), le mont Whitney (4 418 m). Avec plus de 1 400 km de sentiers balisés, ils font le bonheur des marcheurs et des skieurs.

Superficie : 3370 km²
Situation : à l'est de la Californie
Altitude : Sequoia : 400 à 4 418 m ; Kings Canyon : 1 400 à 4 340 m
Sequoia est devenu **parc national** en 1890 et Kings Canyon en 1940
Saison : certaines routes fermées en hiver (il peut neiger dès septembre) ; belle saison de mai à septembre

CATHÉDRALE VÉGÉTALE

Quiétude absolue au sein de cette cathédrale végétale, sérénissime forêt de géants rouges arrimée sur les flancs de la Sierra Nevada.

Contraste choc avec les immensités désertiques de l'ouest. Le voyageur plonge ici dans un décor ultra-végétal sous une ombre émeraude lestée de mystères que le soleil perce de ses épées de lumière.

Il se promène au cœur d'une forêt de géants rouges aux troncs en gourdin et se dévisse le cou à chercher le faîte de ces êtres gargantuesques qui tutoient les étoiles et s'abreuvent dans les nuages.

Il se laisse ensorceler par ces orgueilleuses sentinelles qui veillent depuis des millénaires sur les paysages de la Sierra Nevada occidentale.

Des titans certes, mais aux pieds fragiles car ces arbres bravent les flammes, défient les tempêtes et ne meurent pas de vieillesse… Ils tombent, foudroyés, attaqués aux racines par l'érosion invisible.

LE PLUS GRAND ORGANISME VIVANT

Il y a des millions d'années, les séquoias (dont le nom vient du chef indien cherokee See-Quayah) se déployaient sur une grande partie de l'hémisphère nord. Aujourd'hui, il existe seulement cinq variétés de la famille des taxodiacées, dont deux en Californie : le « redwood » ou Sequoia sempervirens (toujours vert) et le séquoia géant ou Sequoiadendron gigantum. Cet organisme vivant, le plus grand du monde, pousse uniquement sur le versant occidental de la Sierra Nevada entre 1 500 et 2 000 m d'altitude. Il porte des aiguilles persistantes et des pommes de la taille d'un œuf de pigeon. Son écorce ininflammable peut atteindre 60 cm d'épaisseur chez les plus vieux arbres. Des substances organiques se trouvant dans le bois et l'écorce offrent une résistance exceptionnelle aux insectes et aux champignons.

Pourtant, c'est un géant fragile qui finit par chuter sous l'effet de l'érosion qui attaque ses racines peu profondes. Ces arbres peuvent atteindre 150 m de haut, plus de 10 m de diamètre et vivre plus de 3 000 ans.

Double page suivante :

Sentinelle de titans aux pieds d'argile qui bravent les flammes, défient les tempêtes, ne meurent pas de vieillesse mais tombent foudroyés, attaqués aux racines par l'érosion invincible.

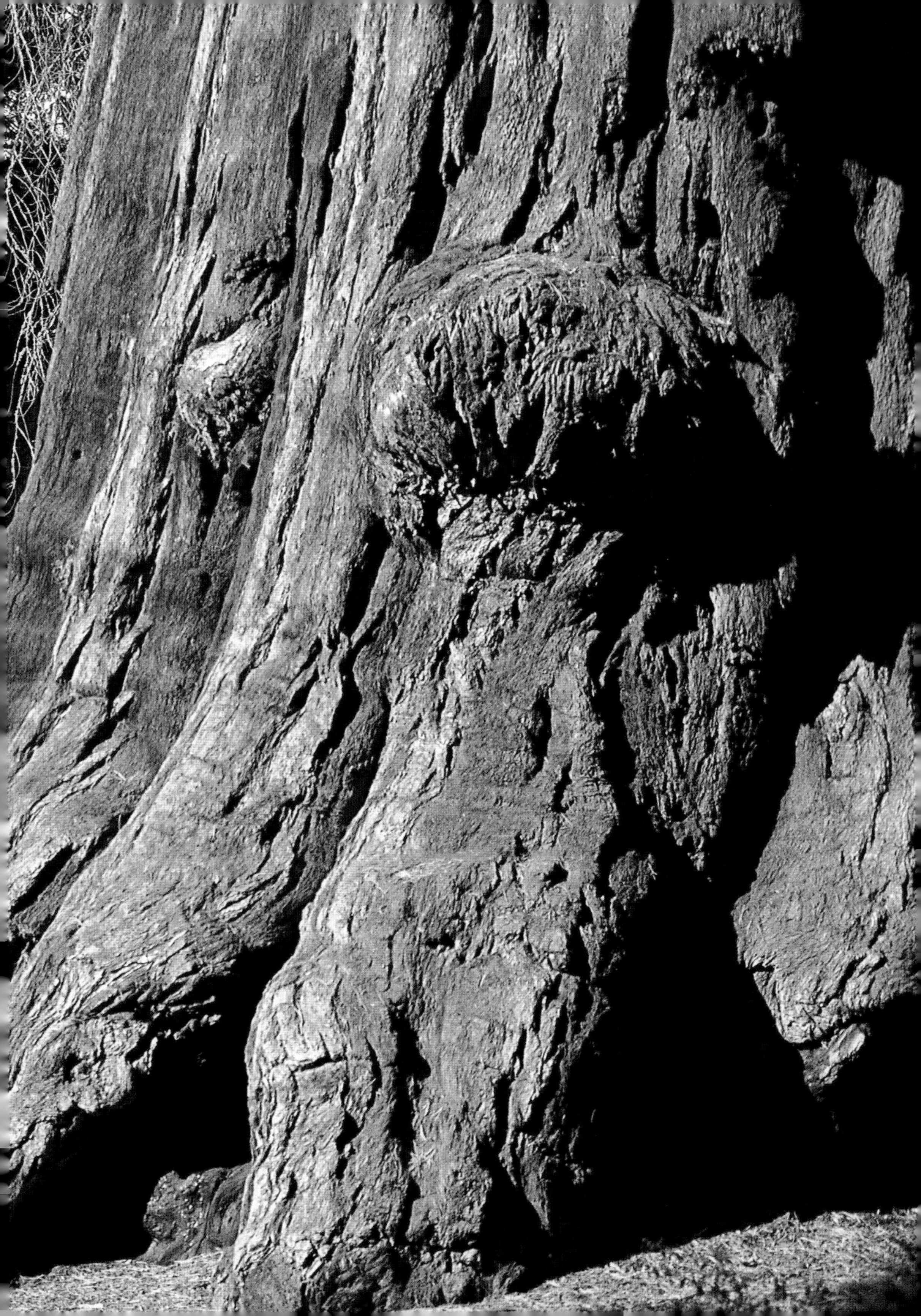

BALADES DANS SEQUOIA ET KINGS

La sierra Nevada, longue chaîne montagneuse de 640 km de long sur 100 à 130 km de large, abrite les deux parcs jumeaux. Pour explorer les lieux, il faudra marcher ou chevaucher car très peu de routes sillonnent ces montagnes escarpées. Il faudra aussi gravir l'épuisant escalier du Morro Rock pour découvrir le paysage rude et aigu mais de toute beauté avec, très loin en contrebas de l'océan de flèches vertes, les vallées verdoyantes de la Kaweah River et sa majesté le mont Whitney.

L'unique route qui dessert Sequoia national park se contorsionne dans un paysage complètement sauvage. Ni ville, ni même une bourgade pour rompre le charme, l'animation humaine commence et finit au Visitor Center.

Une fois toutes les informations recueillies auprès des rangers, les visiteurs s'immergent dans la solitude des hautes futaies de la Giant Forest réputée pour ses impressionnants bouquets de séquoias géants surtout le fleuron des lieux, le General Sherman, l'arbre de tous les superlatifs : c'est le plus grand et le plus gros séquoia du monde : 90 m de haut, 31 m de circonférence et un volume du tronc de l'ordre de 1500 m^3 ! Rien que sa plus grosse branche fait dans les deux mètres de diamètre… Un peu de respect donc pour cet auguste vieillard âgé de 2 200 ans.

Mais à côté de ses confrères des clairières de Grant Grove dans le parc de Kings Canyon, le Général fait figure de jeunot. Là-bas, les spécimens que l'on approche ont déjà plus de 3 000 ans. Cela en fait des souvenirs dans les rainures de leurs bois et sous leurs belles écorces rougies !

Ci-dessous : parfois, le tapis de mousse prend d'assaut les troncs rouges, recouvrant leurs écorces d'un linceul de velours.

Activités : camping, escalade, randonnées à cheval, ski de randonnée, pêche
Adresse postale : Sequoia & Kings Canyon National Parks, Three Rivers, CA 93271 ; Tél. : (209) 565-3341 ou 561-3314 ou 335-2310

Double page suivante, à gauche : le General Sherman, le plus grand séquoia, mesure 90 mètres de haut, pèse 1 256 tonnes et exhibe un tour de taille de 31 mètres. Sa plus grosse branche fait deux mètres de diamètre. Son âge, canonique, est de l'ordre de 2 200 ans. À droite : le géant rouge au tronc éclaté laisse Sébastien perplexe… Où est le sommet de ce gratte-ciel végétal ?

Doubles pages suivantes :

Les sentiers pédagogiques permettent de se familiariser avec les Sequoia gigantea *nommés par un botaniste autrichien en l'honneur du chef indien cherokee See-Quayah.*

Tunnel Log, passage dans le tronc d'un géant déchu. Un conseil quand même, n'essayez pas en camping-car, cela pourrait créer quelques bouchons.

En plein cœur de la forêt, l'hôtel Wuksachi Lodge, un des derniers nés du parc, offre calme et confort dans un cadre superbe. Sinon, les deux parcs comptent de nombreux campings, mais les nuits sont plutôt fraîches par ici.

Ci-contre : la région était peuplée de Potwhisha et Kaweah. Le colon Hale Tharp fut le premier Blanc à y pénétrer en 1858.
Très vite, affluèrent affairistes et chercheurs d'or qui décimèrent les séquoias pour en exploiter le bois, un seul arbre permettant de construire une quarantaine de maisons.

Page de gauche :

Giant Forest est une forêt de séquoias géants exceptionnelle où il n'est pas rare de tomber nez à nez avec un ours noir solitaire. La faune compte aussi des cerfs, pumas, renards gris, coyotes, lynx et marmottes. Beaucoup de monde donc.

TUNNEL LOG
FELL DECEMBER 4, 1937
BASE DIAMETER 21 FEET
LENGTH 275 FEET
TUNNEL 8 FT. HIGH, 17 FT. WIDE

Yosemite National Park (Californie)

« La vallée incomparable »

Une prodigieuse entaille glaciaire.
Un « U » profond surmonté de cathédrales de granit à l'impressionnante verticalité. Formidable défi pour grimpeurs chevronnés.
Au cœur de l'inaltérée sierra Nevada, les paysages de Yosemite sont d'une incomparable prodigalité.

Superficie : 3 080 km²
Situation : au centre-est de la Californie
Altitude : de 650 à 4 000 m
Parc national depuis 1890
Saison : Yosemite Valley est ouverte toute l'année alors que Tioga Road et Glacier Point Road sont fermées en hiver. Été chaud mais bondé, automne et printemps magnifiques.

En 1868, le naturaliste écossais John Muir (1838-1914) découvre les merveilles de Yosemite et va militer toute sa vie pour la sauvegarde de ces espaces sauvages, habitats de nombreux animaux et d'une flore exceptionnelle.

Un subtil entrelacs d'eau et de pierre, de douceur et de rudesse, de rondeurs et d'arêtes, de combes et de crêtes, forge ce célèbre parc californien.

Un éden pour la faune, la flore et tout visiteur avide de nature.

Comme dans une peinture pointilliste, lupins, iris et lis créent des taches de couleurs ardentes sur les vastes prairies grasses et verdoyantes.

Érables, chênes noirs, pins et cèdres étoffent ses forêts, habitats privilégiés des ours bruns si familiers.

Des bosquets de séquoias géants rivalisent de noblesse avec les pics pour régner sur la vallée.

Des lacs au bleu profond dérobent aux montagnes leurs silhouettes massives pour les redessiner dans leurs eaux limpides.

Yosemite National Park
STANISLAUS NATIONAL FOREST
EMIGRANT WILDERNESS
TOIYABE NATIONAL FOREST
HOOVER WILDERNESS
INYO NATIONAL FOREST
HALL NATURAL AREA
ANSEL ADAMS WILDERNESS
SIERRA NATIONAL FOREST
Carson City, Nev
395
120
140
41
Emigrant Lake
Maxwell Lake
Huckleberry Lake
Twin Lakes
Pacific Crest Trail
Mary Lake
Tilden Lake
STUBBLEFIELD CANYON
SAWTOOTH RIDGE
Summit Lake
Virginia Lakes
Lundy Lake
Saddlebag Lake
Kibbie Lake
Eleanor Creek
Laurel Lake
Lake Eleanor
Lake Eleanor
Frog Creek
JACK MAIN CANYON
TILTILL MOUNTAIN
KERRICK CANYON
CANYON
Stiller Creek
Return Creek
CANYON
Lake Vernon
Benson Lake
Smedberg Lake
PLEASANT VALLEY
Table Lake
Rodgers Lake
MATTERHORN
VIRGINIA
McCabe Lakes
Roosevelt Lake
O'Shaughnessy Dam
MIGUEL MEADOW
Wapama Falls
TILTILL VALLEY
Rancheria Falls
RANCHERIA MOUNTAIN
RODGERS CANYON
Virginia Lake
Pacific Crest Trail
COLD CANYON
Hetch Hetchy Reservoir
Hetch Hetchy
Tuolumne River
Hetchy Road
GRAND CANYON OF THE TUOLUMNE RIVER
Return Creek
Young Lakes
Granite Lakes
Ellery Lake
Tioga Lake
Lee Vining
Hetch Hetchy Entrance
Hetch
Tuolumne River
Mather
Middle
Evergreen Road
Ten Lakes
Grant Lakes
Delaney Creek
Dog L.
Gaylor Lakes
Tioga Pass Entrance
White Wolf
Tioga Road
TUOLUMNE MEADOWS
Tuolumne Meadows Visitor Center
Dana Fork
May Lake
Tenaya Lake
John Muir Trail
Budd L.
Elisabeth L.
Rafferty Creek
LYELL CANYON
KUNA CREST
KOIP CREST
ASPEN VALLEY
Information Station
Big Oak Flat Entrance
Tuolumne
South Fork River
Hodgdon Meadow
Manteca
Yosemite Creek
Porcupine Flat
Snow Creek
Sunrise
CATHEDRAL RANGE
Evelyn L.
Vogelsang
Ireland L.
Echo Creek
Vogelsang Lake
Emeric L.
Fletcher Cr.
Bernice L.
Pacific Crest John Muir Trail
Big Oak Flat Road
Crane Flat
Tamarack Flat
Yosemite Falls
Tenaya Creek
TENAYA CANYON
Sunrise Creek
Lewis Creek
Valley Visitor Center
Bridalveil Fall
Little Yosemite Valley
Merced River
Merced Lake
Merced Lake
Glacier Point
LITTLE YOSEMITE VALLEY
Valley View
YOSEMITE VALLEY
Illilouette Fall
Washburn Lake
Lyell Fork
STANISLAUS NATIONAL FOREST
El Portal Road
Grouse Creek
Arch Rock Entrance
El Portal
Illilouette
Merced River
Merced
Glacier Point Road
SUMMIT MEADOW
Bridalveil Creek
MONO MEADOW
Triple Peak Fork
Yosemite West
Badger Pass Ski Area
WESTFALL MEADOWS
HORIZON RIDGE
Bridalveil Cr.
CLARK RANGE
Ottoway Lakes
South Fork Merced River
Ostrander L.
HORSE RIDGE
Buena Vista Creek
Merced Pass Lakes
Bishop
Wawona Road
Alder Creek
BUENA VISTA CREST
TURNER RIDGE
Chilnualna Creek
Givens Lake
Breeze Lake
Crescent Lake
Chain Lakes
Chilnualna Fall
Buck Camp
Wawona
Wawona Information Station
South Fork Merced River
Pioneer Yosemite History Center
South Entrance
Fresno
Fish Camp
5 km
5 miles
Poste de Rangers
Parking
Aire de camping
Aire de pique-nique
Restauration
Étape équestre
Route goudronnée
Route non revêtue
John Muir Trail
Pacific Crest Trail

Au printemps, les cascades cristallines dégringolent joyeusement dans des vasques accueillantes.

Et, intronisés par ces merveilles, se dressent, altiers, les massifs vénérés d'Half Dome et d'El Capitan.

Vrais seigneurs de Yosemite, les promeneurs en font leur amer et, grâce à eux, se repèrent alors qu'ils sillonnent les centaines de chemins de randonnée.

LA GÉOLOGIE DE YOSEMITE

Yosemite – du nom indien *Uzumati*, l'ours grizzli – est l'archétype même de la vallée glaciaire. Il y a un million d'années le profond canyon de la Merced River, alimenté par de nombreuses rivières, fut creusé puis évasé par les glaciers du quaternaire jusqu'à devenir une large vallée en forme de « U » dans laquelle se précipitent des kyrielles de cataractes rugissantes.

LA VALLÉE DE YOSEMITE

Cette vallée glaciaire exceptionnelle se trouve à peu près au cœur du parc et c'est là que se concentrent la plupart des sites incontournables de Yosemite et les campings alors que Tuolumne Meadows est le rendez-vous des randonneurs chevronnés.

Au fond de la vallée en « U », assez plate, s'égrènent autour de la Merced River des prairies verdoyantes et de belles forêts. Cet écrin est forgé de parois rocheuses abruptes criblées de cascades spectaculaires et de quelques-uns des plus beaux monolithes de la planète : El Capitan et Half Dome. Ce dernier, vieux de 87 millions d'années, a perdu la moitié de son sommet lors de l'érosion glaciaire il y a dix mille ans, ce qui explique sa forme insolite.

Les randonneurs rencontreront sur les sentiers d'altitude des mouflons, moutons sauvages dont seuls les béliers adultes portent des cornes spiralées. Les Indiens ont laissé de nombreuses peintures rupestres illustrant cet animal dont ils se nourrissaient.

À Yosemite Village se trouve le principal Visitor Center et, non loin de là, le Ahwahnee Lodge, très chic hôtel bâti dans les années 1920, à visiter absolument pour profiter de ses chaleureux salons décorés de nombreux objets indiens. Beaux témoignages mais bien modestes de l'ancienne présence des tribus Miwoks et Païutes qui peuplaient la vallée quatre mille ans avant l'arrivée des Européens.

C'est aussi dans cette vallée que le visiteur pourra admirer des bouquets de séquoias à Mariposa Grove, qui abrite notamment le Grizzly Giant, un arbre de 65 m de haut et âgé de 2700 ans…

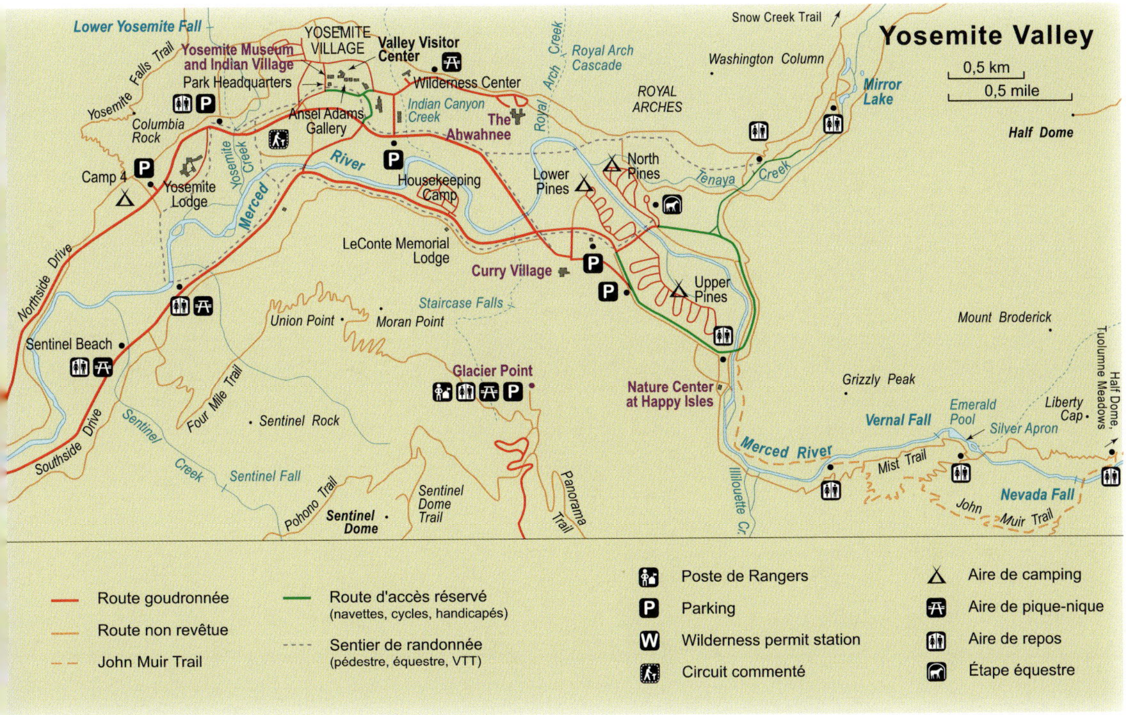

En voiture, surtout ne pas oublier d'emprunter la très belle route en lacet de Glacier Point Rd pour s'arrêter à Tunnel View (Hwy 41). De ce belvédère s'offrent en un seul regard toutes les merveilles granitiques du parc comme Sentinel Rock (2145 m), Cathedral Rocks (2021 m), les chutes de Bridalveil, Half Dome et El Capitan.

BALADES ET RANDONNÉES

Avec quelque 1200 kilomètres de sentiers balisés, Yosemite est le paradis des marcheurs de tout niveau. Les parcours peuvent durer 2-3 heures ou 10 jours. Avant de vous lancer dans ce fantastique terrain de jeu naturel, voyez les Rangers au Visitor Center. Ils connaissent parfaitement la région et vous donneront toutes les cartes et informations relatives aux parcours, temps moyen pour les entreprendre, dénivelés, distances et météo.

Depuis la vallée de Yosemite partent une kyrielle de chemins de randonnée de niveau facile qui s'enfoncent dans des décors superbes mais très fréquentés. C'est le cas notamment du **Mist Trail** qui démarre du Happy Isles Nature Center au sud-est de la vallée, car cette petite balade d'à peine un kilomètre permet à tous, petits et grands, d'approcher les belles chutes de Vernal Falls. Si vous souhaitez grimper au sommet jusqu'aux chutes de **Nevada Falls**, il faut poursuivre la montée

ur 2,5 km. Là, il y a déjà un peu moins de monde car la pente st un peu raide. L'autre alternative est de s'y rendre à cheval ar un sentier plus long mais moins tortueux. À l'arrivée, l'ef-ort est récompensé par une vue extraordinaire.

Autre balade magnifique accessible au plus grand nombre : elle qui conduit à **Mirror Lake Loop** (5 km), petit lac de nontagne dans lequel se reflète Half Dome, qui s'entreprend u départ de Upper Pines Campground.

Quant aux bons marcheurs, Yosemite leur promet mille nerveilles. Une belle randonnée les attend par exemple le long les 13,5 km de **Panorama Trail**, un sentier qui grimpe vers Glacier Point à plus de mille mètres d'altitude. Une autre pos-ibilité, un peu plus facile et plus courte, est de redescendre lans la vallée par le Four Miles Trail.

Au départ de **Tuolumne Meadows**, la plus vaste prairie ubalpine de la sierra Nevada, existent encore de nombreux sen-iers de niveaux variables. Cette partie de Yosemite est riche en acs aux eaux vert émeraude ou bleu saphir. Le chemin le plus réquenté en saison est le John Muir Trail (sur une de ses por-ions car, en fait, il parcourt plus de 320 kilomètres !). Pour les nontagnards chevronnés, de belles aventures partent de Tioga Road vers de fabuleux lacs comme **Cathedral Lakes** ou **Sun-rise Lakes**. Depuis May Lake, un sentier grimpe au sommet du **nont Hoffmann**, le centre géographique du parc de Yosemite.

Le Wilderness Permit

Pour toute randonnée de plus d'une journée, il faut se nunir d'un Wilderness Permit, un permis de bivouac. Délivrés gratuitement par les Rangers, ils permettent de fixer des quo-as pour limiter le nombre de randonneurs à chaque départ.

Les ours bruns

Yosemite constitue l'habitat naturel des ours bruns et il est réquent d'en voir. Il faut absolument suivre les consignes de écurité données par les Rangers, notamment ne jamais laisser raîner de nourriture dans sa voiture ou dans sa tente pour les campeurs. Chaque année, des automobilistes découvrent leur véhicule saccagé pour y avoir oublié des aliments, vite repérés par des ours réputés pour leur puissant odorat.

Activités : camping, escalade, pêche, randonnées à cheval, VTT, ski de randonnée, baignade, bateau
Adresse postale : P.O Box 577, CA 95389 ;
Tél. : (209) 372-0200 ou 252-4848 ; Fax : (209) 372-1220

Page de gauche :

Les Indiens Miwoks, Païutes et Ahwahneechee peuplaient la vallée d'Ahwahnee ou « Profonde vallée tapissée d'herbes », l'ancien nom de Yosemite Valley. Les trappeurs et orpailleurs européens découvrirent la région alors qu'ils pourchassaient les tribus, contraintes de s'exiler loin de leur territoire ancestral.

Doubles pages suivantes :

El Capitan est le plus célèbre monolithe des États-Unis et le plus haut du monde. Ses parois granitiques s'élèvent à 1 080 mètres et attirent les free climbers *de la planète, dont on suit les évolutions depuis la vallée… impressionnant !*

Half Dome, star de Yosemite, la montagne la plus photographiée. Ses parois sont les plus raides d'Amérique avec des pentes à 93 %. Un chemin exténuant de 27 kilomètres, le Half Dome Trail, conduit au sommet qui culmine à 1 450 mètres. Vieux de 87 millions d'années, il a perdu la moitié de son sommet lors de l'érosion glaciaire ce qui lui donne cette forme inachevée.

Ci-contre : l'épaisse pelisse blanche de l'hiver exalte la beauté de Yosemite. Le parc entre en hibernation. Aux premiers flocons, Tioga Road ferme, isolant la haute prairie subalpine de Tuolumne Meadows. Les skieurs s'emparent des lieux.

Page de gauche :

Les cascades de Yosemite Falls forment la plus grande cataracte des États-Unis, étagée sur trois chutes : Upper Fall (chute supérieure), qui tombe de 436 m ; Middle Cascade (206 m) et Lower Fall (98 m). Au printemps, leurs chutes de plus de 700 mètres offrent un spectacle éblouissant… et très bruyant !

Point Reyes National Seashore (Californie)

« Balades au phare des baleines »

Point Reyes est un superbe parc côtier, petit bijou de nature sauvage à moins de deux heures de route au nord de San Francisco. Chaque week-end, les citadins s'y rendent pour se griser d'iode, se promener dans des espaces uniques, se régaler d'huîtres du Pacifique ou, l'hiver, observer les baleines.

Presqu'île de 26 000 hectares
Parc national depuis 1962
Saison : climat océanique donc doux mais avec des courants froids ; brouillard en été, pluies en hiver.

Une magnifique presqu'île triangulaire où le paysage doux et accueillant à la belle saison, fait assaut de sauvageri l'hiver. Alors, dans son enveloppe de brouillard humide, l région prend des airs fantomatiques.

Les lions de mer adorent cette région de Californie septentrionale où ils font figure de mascotte auprès des visiteurs petits et grands.

Un parc côtie de plages au sabl blanc, de crique abritées et de vaste prairies qui ondu lent mais aussi d falaises déchirées e giflées par les vent océaniques.

Ce cap, autre fois peuplé d'Indien Miwoks, fut décou vert en 1579 par l corsaire anglais Fran cis Drake qui le bap

isa la Nouvelle Albion. Son nom actuel – Pointe des Rois – lui fut attribué par l'explorateur espagnol Sebastian Vizcaino qui aborda cette côte californienne le 6 janvier 1603, jour de l'Épiphanie.

Sur la pointe la plus occidentale, fièrement accroché à ses rochers en contrebas d'une haute falaise, se tient un ravissant phare, le meilleur site d'observation des baleines grises.

Double page précédente :

Drake's Bay doit son nom à l'explorateur et corsaire anglais Francis Drake, qui aurait débarqué dans cette belle anse en 1579 pour réparer son bateau Golden Hinde.

Ci-dessous : cette partie de la côte du Pacifique est presque toujours battue par vents et marées. Parce qu'une intense activité sismique secoue la région, la péninsule de Point Reyes s'écarte de la côte de plusieurs centimètres par an.

LA FAILLE SISMIQUE DE SAN ANDREAS

À Point Reyes, entre Bolinas Lagoon et la baie de Tomales s'étire l'impressionnante faille de San Andreas, à l'origine de nombreux séismes qui ébranlent la baie de San Francisco. San Andreas est une sorte de frontière active entre deux plaques tectoniques en perpétuel mouvement, la plaque pacifique et la plaque continentale, qui coulissent horizontalement l'une contre l'autre, libérant des ondes sismiques. La faille s'étire du sud au nord de la Californie sur plus de 1 200 kilomètres. En 1906, le jeu des plaques provoqua le grand tremblement de terre dont les conséquences (incendies...) détruisirent les 4/5 de San Francisco.

Depuis Olema, petite ville qui fut en 1906 l'épicentre de ce grand tremblement de terre, on peut suivre la piste du Séisme (Earthquake Trail). Une balade qui permet de visualiser les violences du séisme.

Les baleines grises de Point Reyes

Entre décembre et fin mars, on assiste à la migration des baleines grises qui descendent d'Alaska pour donner naissance à leurs petits dans les eaux chaudes de la Basse-Californie au Mexique. Cette migration, la plus grande chez les mammifères avec dix mille kilomètres, s'observe depuis les rivages de Point Reyes, un des meilleurs sites pour suivre les évolutions de ces géants des mers qui peuvent mesurer quinze mètres et peser quarante tonnes.

Activités : camping, pêche, baignade, randonnées à cheval, observation des baleines
Adresse postale : Point Reyes National Seashore, CA 94956 ; Tél. : (415) 663-1092

Ci-contre : le phare – Point Reyes Lighthouse –, bâti en 1870 sur la pointe la plus occidentale de la péninsule, fonctionne toujours avec ses lentilles de Fresnel d'origine. Il faut descendre 300 marches pour l'atteindre.

Doubles pages suivantes :

Dans une partie du parc a été reconstitué un village d'Indiens Miwok, premiers habitants de cette région, qui vivaient de la chasse, de la pêche de fruits de mer et de la cueillette de glands.

Au sein du parc, les vastes prairies d'herbe grasse font le bonheur des fermiers et éleveurs de vaches laitières dont les produits crémiers sont réputés dans toute la baie de San Francisco.

Agiles sur les pentes escarpées des falaises qui surplombent l'océan Pacifique, les troupeaux de biches et de cerfs s'observent partout dans les 300 km² du parc côtier.

Le croissant de Drake's Bay offre une des plus belles anses pour les voiliers.

Parcs de l'archipel d'HAWAII

Hawaii excite l'imagination. Cartes postales de lagons, de champs de canne à sucre, d'écumeurs de vagues, de palmiers échevelés, de fonds coralliens multicolores. Mais aussi des volcans endormis ou irascibles qui fument et crachent leur colère tellurique.

Surnom : Aloha State (bonjour, amour, bienvenue State)
Superficie : env 20 000 km²
Population : 1,2 million d'hab
Capitale : Honolulu (env 390 000 hab)
Entrée dans l'Union : 21 août 1959 (50ᵉ État)
Parcs nationaux :
Volcanoes NP (Big Island),
Haleakala NP (Maui)

Volcanoes National Park (Big Island)

« Symphonie d'un Nouveau monde »

Un paysage irréel déroule ses masses noires jusqu'à l'échancrure indigo de l'océan. Un décor ahurissant qui façonne Big Island, la grande île de cet archipel volcanique, le plus isolé du monde et devenu, en 1959, la cinquantième étoile du drapeau américain.

Superficie : 900 km²
Situation : sur le versant oriental du volcan Mauna Loa, Big Island
Altitude : 1 230 m à 4 208 m
Parc national depuis 1916
Saison : toute l'année ; climat chaud sur les côtes mais froid et souvent enneigé au sommet du volcan éteint Mauna Kea (4 205 m)

Les coulées de « pahoehoe » crissent sous les pas des randonneurs. De faible épaisseur, elles forment des cloques en s'enroulant en spirale, créant d'insolites sculptures bleutées.

Sur ce versant, nulle barrière contre le Pacifique. Les rouleaux déchirent la côte sous leurs assauts belliqueux. Une route sinueuse fend cette terre sans douceur, s'enroule petit à petit autour des premiers contreforts du volcan Mauna Loa, puis s'échappe vers l'entrée du parc national des Volcans.

Des centaines de fumerolles expirent du sol, nimbant le plateau volcanique d'un voile sulfureux qui pique les yeux. Parfois, au gré d'une trouée bienfaitrice, passe une famille de nénés, petites oies hawaiiennes qui égayent de leurs cris l'ambiance plutôt fantomatique.

Soudain, la route disparaît, ensevelie sous une récente coulée. Il faut poursuivre à pied

pour approcher des rivières de lave. Une marche tout aussi étrange qui évolue sur une immensité couleur d'ébène, irisée de superbes arcs-en-ciel. La roche superficielle crisse sous les semelles. Refroidie, la lave aux teintes bleutées s'enroule comme des cordages de bateau. Enfin s'offre à nous un spectacle extraordinaire : la genèse d'un monde, véritable symphonie de la Nature.

Big Island darde un de ses volcans à 4 208 m d'altitude. Au fur et à mesure que l'on grimpe, la température chute et les pulls s'empilent sur les maillots de bain.

Double page suivante :

Après des années de silence, le Mauna Loa s'est réveillé en 1975 et le Kilauea en 1992. Leur intense activité s'observe sur les plateaux nimbés de fumerolles. Un jour d'activité normale, le Kilauea expulse 296 000 m^3 de lave et 1 800 tonnes de fumées d'oxyde de soufre.

PELÉ, MÈRE DES ÎLES HAWAII

D'après une légende hawaiienne, le cratère du Kilauea abrite Pelé, la déesse du Feu et mère d'Hawaii. C'est à cet enfantement tellurique que l'on assiste dans le parc. Le crépuscule permet de mieux observer l'activité de cette forge de Vulcain. Orange au déclin du jour, la lave revêt ensuite des nuances plus sanguines. Le silence de la nuit n'est transpercé que du crépitement de la roche en fusion. De toutes parts, la croûte terrestre vole en éclats, sous la lente mais inexorable poussée d'une rivière de feu qui cherche à se frayer un passage vers la mer. La rencontre des éléments engendre d'incroyables feux d'artifice.

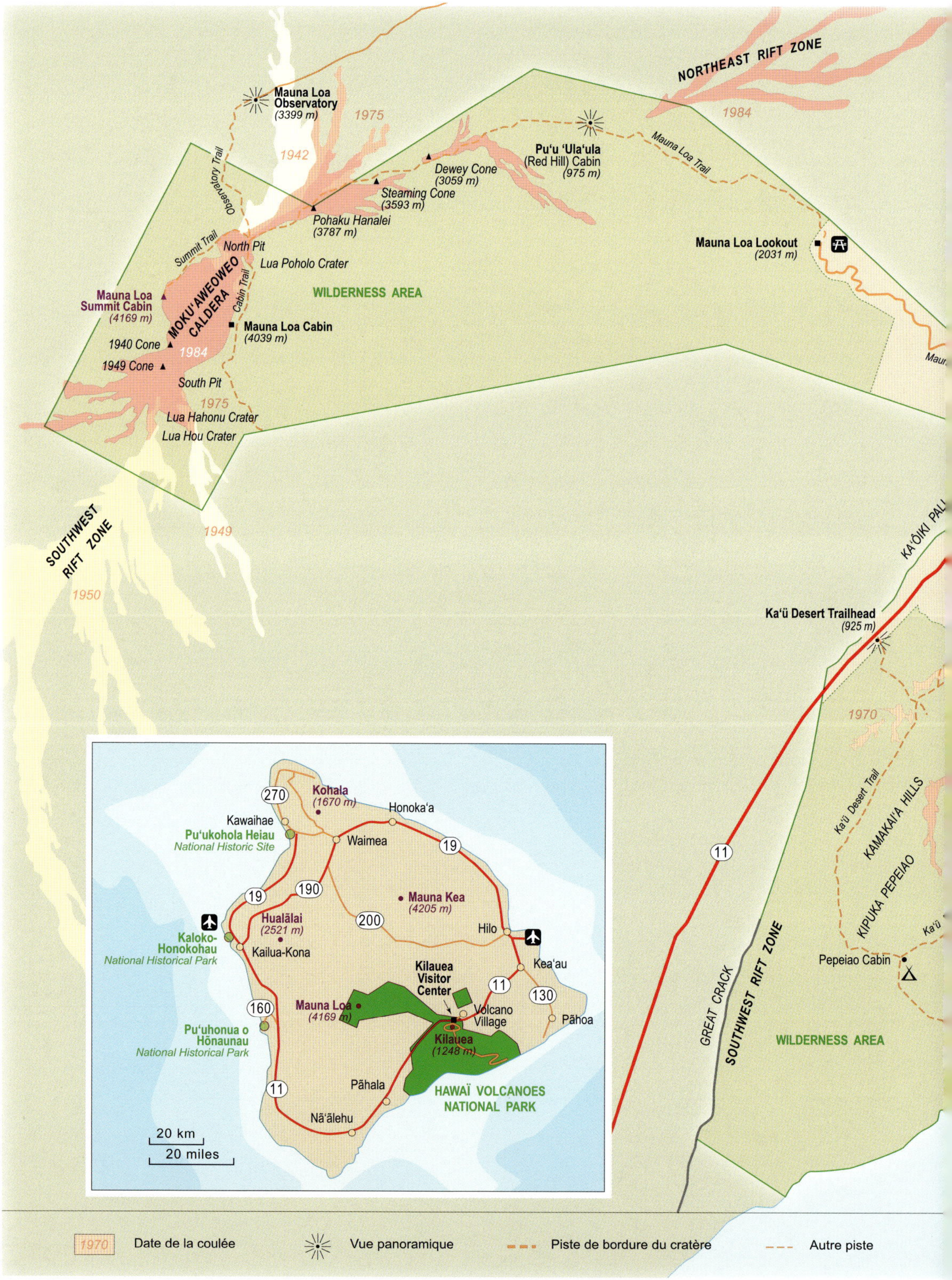

NORTHEAST RIFT ZONE
1984
Mauna Loa Observatory (3399 m)
1975
1942
Observatory Trail
Mauna Loa Trail
Pu'u 'Ula'ula (Red Hill) Cabin (975 m)
Dewey Cone (3059 m)
Steaming Cone (3593 m)
Pohaku Hanalei (3787 m)
Mauna Loa Lookout (2031 m)
Summit Trail
North Pit
Lua Poholo Crater
Cabin Trail
WILDERNESS AREA
Mauna Loa Summit Cabin (4169 m)
MOKU'AWEOWEO CALDERA
Mauna Loa Cabin (4039 m)
1940 Cone
1984
1949 Cone
South Pit
1975
Lua Hahonu Crater
Lua Hou Crater
SOUTHWEST RIFT ZONE
1949
1950
Ka'ū Desert Trailhead (925 m)
1970
Ka'ū Desert Trail
KAMAKAI'A HILLS
KIPUKA PEPEIAO
11
Pepeiao Cabin
GREAT CRACK
SOUTHWEST RIFT ZONE
WILDERNESS AREA
270
Kohala (1670 m)
Honoka'a
Kawaihae
Pu'ukohola Heiau National Historic Site
Waimea
19
190
19
Mauna Kea (4205 m)
Hualālai (2521 m)
200
Hilo
Kaloko-Honokohau National Historical Park
Kailua-Kona
Kea'au
Kilauea Visitor Center
11
130
160
Mauna Loa (4169 m)
Volcano Village
Pāhoa
Pu'uhonua o Hōnaunau National Historical Park
Kilauea (1248 m)
Pāhala
11
HAWAÏ VOLCANOES NATIONAL PARK
Nā'ālehu
20 km
20 miles
1970 Date de la coulée
Vue panoramique
Piste de bordure du cratère
Autre piste

Mountain View
Glenwood
11
'ÔLA'A FOREST WILDERNESS AREA
Kilauea Visitor Center
Kipuka Puaulu
nakani Paio
KILAUEA CALDERA
Jaggar Museum
Volcano Village
Thurston Lava Tube (Nāhuku)
Lua Manu Crater
Puhimau Crater
Ko'oko'olau Crater
Pauahi Crater
WILDERNESS AREA
Pu'u Huluhulu
Mauna Ulu Lava Shield
Mauna Ulu (975 m)
Kane Nui o Hamo Lava Shield
Napau Crater
Makaopuhi Crater
Kupaianaha Lava Shield
EAST RIFT ZONE
Pu'u' O'o
1983-2000
1982
KA'Ū DESERT
1974
Cone Crater
1969
Hilina Pali Road
Kulanaokuaiki
Mauna Iki Trail
Kîpuka Kahāli'i
1969-74
Mau Loa o Mauna Ulu (817 m)
Kalapuna Trail
HAWAÏ
VOLCANOES
NAL
PARK
Muliwai a Pele
Hālona Kahakai
1969
Kealakomo
HŌLEI PALI
Alanui Kahiko
Pu'u Loa
Hōlei Pali
Chain of Craters Road
Hōlei Sea Arch
HILINA PALI
PU'U'EO PALI
HŌLEI PALI
Hilina Pali Trail
Pu'u Kapukapu
Keauhou Shelter
Halape Shelter
Ka'aha Shelter
Puna Coast Trail
Ka'ena Point
'Āpua Point
OCÉAN PACIFIQUE
Hawaï Volcanoes National Park
5 km
5 miles
table
Aire de pique-nique
Circuit commenté
Aire de repos
Aire de camping

Les puissants rouleaux océaniques tentent d'engloutir les bouillonnantes cascades incandescentes… En vain. Celles-ci, en plongeant, se solidifient sous les yeux des spectateurs enchantés

MAUNA LOA, LA MONTAGNE BLANCHE

Après le volcan rouge, actif, la « montagne Blanche », le volcan éteint Mauna Kea qui émerge à 4 208 m d'altitude. Quand le capuchon de nuages s'effiloche, le panorama qui se révèle est inouï. Crevasses de terre rouge, étendues pelées, pas âme qui vive. Seule présence, celle de grands champignons blancs… en fait des observatoires astronomiques ; le Mauna Kea est en effet un des meilleurs sites de l'hémisphère nord pour étudier les galaxies, aucune lumière parasite ne venant y troubler les nuits d'encre.

Point culminant de l'archipel hawaiien, le volcan Mauna Kea (4 208 m) abrite des observatoires astronomiques, dont un énorme télescope franco-canadien.

HALEAKALA NATIONAL PARK (ÎLE DE MAUI)

La découverte du parc des volcans peut s'entreprendre seul, si l'on respecte les sentiers balisés et que l'on s'informe auprès des rangers sur les zones sans danger, sachant que, selon l'activité volcanique, celles-ci se déplacent.

Autre île de l'archipel, autre volcan : le majestueux Haleakala – la « Maison du Soleil » – sur Maui, dont le sommet pointe à 3 000 m. De jeunes Polynésiens rendent hommage au disque d'or. Un voyage initiatique au cours duquel des mele hula, douces mélopées, accompagnent l'ascension du soleil impatient de s'asseoir sur son trône d'azur.

Avec le jour, le Haleakala libère ses cirques dont la palette de couleurs chaudes et ocrées évoque une toile de Bruegel. L'endroit est un point de ralliement apprécié des adeptes de la marche. Cinquante kilomètres de chemins balisés permettent d'en explorer les moindres cratères. Hormis d'éparses « épées d'argent », petites cactées endémiques d'un vert métallique, le Haleakala ne tolère aucune vie, offrant un paysage spectral de toute beauté.

GÉOLOGIE DES ÎLES HAWAII

Depuis 35 millions d'années, la chaîne de l'archipel hawaiien s'agrandit par l'activité volcanique ; en quinze ans, Big Island a gagné plus de 300 hectares sur l'océan. Les fontaines de lave crachées par le Kilauea peuvent atteindre 467 mètres de haut. Chaque île constitue en fait le sommet, la partie visible de gigantesques volcans dont les socles reposent au fond du Pacifique. Il s'agit donc d'îles géologiquement jeunes, que l'érosion transformera dans des millions d'années en atolls coralliens, comme ceux de Tahiti.

LES COULÉES DE LAVE

Les volcans hawaiiens produisent deux sortes de lave aux températures différentes : « aa » et « pahoehoe ».

Les coulées de « aa », de couleur brun-rouge, présentent des surfaces très escarpées, pointues et coupantes, pouvant atteindre dix mètres d'épaisseur.

Les coulées de « pahoehoe », dont l'épaisseur ne dépasse pas les deux mètres, sont lisses, bleutées, et s'enroulent sur elles-mêmes en formant des bulles.

Pu'u Nianiau
Hosmer Grove
378
Park Headquarters Visitor Center
KE'ANAE VALLEY
KO'OLAU GAP
Leleiwi Overlook (2694 m)
Hôlua (2115 m)
Kalahaku Overlook (2842 m)
Halemau'u Trail
Hanakauhi (2715 m)
KALAP
Pu'u Kumu
Mauna Hina
HALEAKALĀ NATIONAL PARK
Honokahua
Halāli'i
Halemau'u Trail
Nā Mana o ke Akua
Pu'uo Māui
Kamoali'i
Pu'u Naue
Pu'u Nole
Haleakalā Visitor Center
Pā Ka'oao
Ka Lu'uo ka 'Ō'ō
Ka Moa o Pele
Pu'u Maile
'Ō'ilipu'u
Pu'u'ula 'ula (3055 m)
WILDERNESS AREA
Pu'uo Pele
31
Magnet lo Peak (3050 m)
Kapalaoa (2210 m)
Haleakalā (2500 m)
Haupa'akea (2792 m)
KAUPŌ

Kapalua
30
340
Kāanapali
Kahului
Wailuku
Lahaina
36
380
37
365
30
311
Pukalani
377
360
Kīhei
378
Hāna
31
37
Wailea
Kipahulu
10 km
10 miles
31
HALEAKALĀ NATIONAL PARK

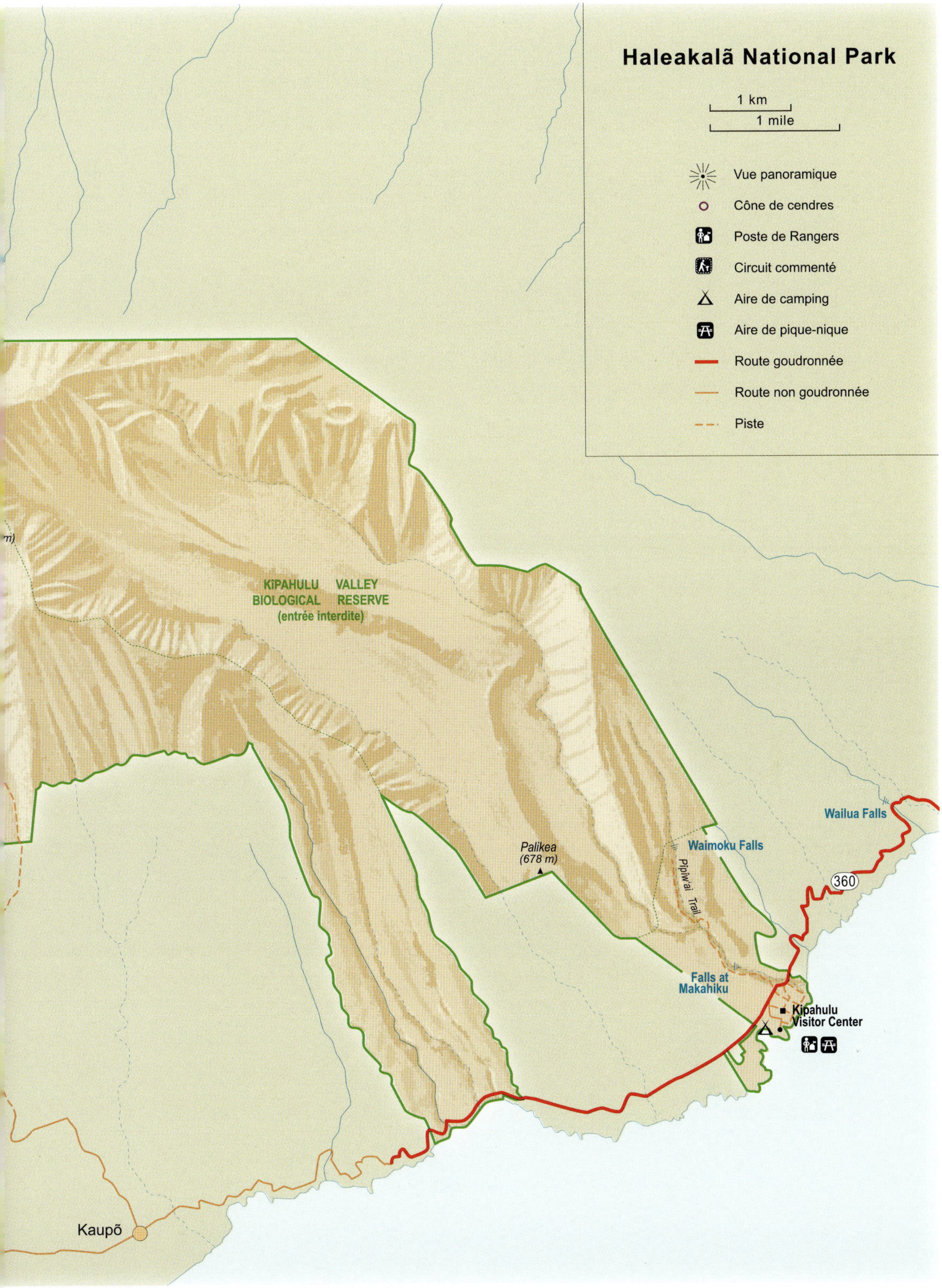
Haleakalã National Park
1 km
1 mile
Vue panoramique
Cône de cendres
Poste de Rangers
Circuit commenté
Aire de camping
Aire de pique-nique
Route goudronnée
Route non goudronnée
Piste
KĪPAHULU VALLEY BIOLOGICAL RESERVE (entrée interdite)
Palikea (678 m)
Waimoku Falls
Pīpīwai Trail
Wailua Falls
360
Falls at Makahiku
Kīpahulu Visitor Center
Kaupõ

VISITER LES PARCS VOLCANIQUES

Hawaii évoque des plages de rêve, des colliers de fleurs multicolores, des forêts tropicales et des traditions polynésiennes bien ancrées dans la vie quotidienne de ses habitants. Le voyageur pourra aussi y découvrir le spectacle magique de volcans en activité et recueillir de précieuses informations auprès du Volcano Visitor Center.

Sur Big Island, au sein du parc national des Volcans, une route de 18 kilomètres, le Crater Rim Drive, contourne le Kilauea Caldera et permet de voir les rivières de lave. Par endroit, elle s'arrête brusquement, coupée par une coulée de lave, et il faut alors poursuivre à pied dans un paysage typiquement volcanique. Pour approcher les rivières de lave, il faut suivre la Chain of the Craters Road qui file vers la mer. Les randonneurs pourront se lancer avec un guide sur le Mauna Loa Trail, un sentier qui conduit au sommet du volcan (2-3 jours).

Activités : camping, VTT, baignade
Adresses postales : Haleakala National Park, Makawao, Maui, HI 96768 ; Tél. : (808) 572-9306
Hawaii Volcanoes National Park, Big Island, HI 96718 ; Tél. : (808) 967-7311

Doubles pages suivantes :

Le survol en hélicoptère est encore la plus belle façon d'admirer l'activité du menaçant Kilauea. Depuis Hilo, de nombreuses agences proposent des vols touristiques.

Tels les cordages de voiliers, la lave prend des formes aussi variées qu'inspirées. Il faut prévoir de bonnes chaussures pour fouler cette région volcanique aux reliefs truffés de crevasses.

Ci-contre : en se jetant dans l'océan, les coulées de lave incandescente provoquent d'incroyables feux d'artifice que l'on peut contempler au terme d'une longue marche sur les contreforts de la montagne. En plongeant, les rivières de feu se solidifient sous les yeux des spectateurs enchantés.

Page de gauche :

Le magma, mélange de roches, de cristaux et de divers gaz, contient par ailleurs, dans le Kilauea, de l'olivine, un minéral verdâtre riche en oxyde de magnésium. La couche de magma basaltique s'enfonce entre 60 et 170 km au-dessous du cratère.

Doubles pages précédentes :

Au sud-est de l'île de Maui, le volcan Haleakala étale son cratère de dix kilomètres sillonné de nombreux sentiers de randonnée. Aucune vie n'y frémit hormis la présence de quelques « silverswords » - épées d'argent - des plantes grasses qui se sont adaptées au sol volcanique.

Vue aérienne d'une coulée. Des rivières de feu s'écoulent du Kilauea après son réveil en 1997. Dans le passé, des maisons avaient été détruites par ces langues de feu qui s'écoulent vers le Pacifique, brûlant tout sur leur passage.

Page de droite :

Depuis 35 millions d'années, l'archipel hawaiien s'agrandit sous l'effet de l'activité volcanique. En quinze ans, Big Island a ainsi gagné plus de 300 hectares sur l'océan.

Ci-dessous :

Un parcours pédagogique permet de lever quelques mystères sur les phénomènes volcaniques et emmène les visiteurs dans des « lava tubes », des tunnels formés par d'anciennes coulées de lave souterraines.

Doubles pages suivantes :

Les fonds marins sont extraordinaires, patchworks de coraux jaunes, rouges, violets et orangés où se réfugient des poissons multicolores, dont le fameux humuhumunukunukuapua'a, *ou poisson-tigre.*

Lagons à l'ombre des volcans. Sur Oahu, la baignade peut s'avérer « sportive » à cause des énormes rouleaux, qui, en revanche, font la réputation d'Hawaii, rendez-vous incontournable pour les meilleurs surfeurs du monde.

NATIONAL PARK SERVICE
Department of the Interior
jetset
equinoxiales
les Amériques par cœur
Vivez la légende de l'Ouest Américain
jetset equinoxiales
ETATS-UNIS
ETATS-UNIS
Jetset Accompagnés,
Jetset au Volant,
Jetset à la Carte,
Jetset Aventure
de Arches à Zion,
de Bryce Canyon à Yellowstone,
d'Olympic à Big Bend,
de Devil's Tower à Joshua Tree,
de l'Arizona au Wyoming,
retrouvez tous les Parcs Nationaux de l'Ouest américain chez Jetset ;
découvrez la nature à votre main :
rando à pied, camping, rafting, en minibus,
en Harley ou en 4x4,
en ranch, motel ou lodge historique ...
Jetset-Equinoxiales
01.53.67.13.00
et dans les Agences de voyages
www.jetset-voyages.fr

Pas farouches du tout, les tortues de mer sont une espèce heureusement protégée à Hawaii. C'est un vrai bonheur de surfer avec elles dans les rouleaux.

BIBLIOGRAPHIE

Edward Abbey, *Désert solitaire* (Payot, 1995)

Yves Berger, *La Pierre et le Saguaro* (LGF, 1991), superbe ode aux grands espaces de l'Ouest par celui qui en était un des plus fervents défenseurs.

Tony Hillerman (romans policiers en territoire navajo), *Là où dansent les morts* (Rivages, 1986), *Le Peuple de l'ombre* (Gallimard, 1992)

André Kaspi, *Les Américains* (2 volumes sur l'histoire et la société américaines, Points Seuil, 1986)

Theodora Kroeber, *Ishi : testament du dernier Indien sauvage de l'Amérique du Nord* (Plon, 1991)

Cormac McCarthy, *Méridien de sang ou le rougeoiment du soir dans l'Ouest* (Gallimard, 1988)

Robert Louis Stevenson, *La Route de Silverado : en Californie au temps des chercheurs d'or* (Phébus, 1987)

Don C. Talayesva, *Soleil hopi* (Plon, Collection Terre Humaine, 1982)

Colin F. Taylor, *Traditions indiennes : la vie quotidienne des Indiens d'Amérique* (Nathan, 1997)

la nature ne cesse d'éblouir et de surprendre, faisant jaillir la vie là où tout semblait perdu d'avance...

REMERCIEMENTS

Michel Chrétien alias Mikael

CRÉDITS PHOTOS

Page 164, 188 (Grand Canyon) : Michel Chrétien
Page 282 (Yosemite) : Sandrine Gayet